दुर्लभ नामावली

NAMAWALI

उज्ज्वल कुमार मिश्र

"बाबा जी ,अम्माजी ,मां एवं पिताजी ,मेरे अनुकरणीय आदर्श बनने हेतु आपके प्रति मेरा सम्मान एवं गहरी कृत्यज्ञात समर्पित है। जब कभी मुझे आवस्यकता पड़ी ,तब परिवार का सहयोग और प्रोत्साहन ही मेरी शक्ति के एक मात्र स्तम्भ रहे ।

मेरा बाबा जी श्री विष्णु कुमार मिश्र जी द्वारा इस पुस्तक के निर्माण कार्य हेतु मार्ग प्रशस्त करने में , मैं उनका सहृदय आभार प्रकट करता हूँ ।

<u>परम श्रधेय बाबा जीएवं अम्मा जी ,माता एवं पिताजी को समर्पित.......</u>"

क्रम-सूची

श्री गुरु चरण सरोज रज, निज मन मुकुर सुधार।बरनौ रघुवर बिमल जसु, जो दायक फल चारि।

ॐ

[प्रथम भाग]

संकलनकर्ता :

उज्जवल कुमार मिश्रा
2022

बुद्धिहीन तनु जानि के, सुमिरौ पवन कुमार।बल बुद्धि विद्या देहु मोहि हरहुं कलेश विकार

ॐ

ॐ

भूर्भुवः स्वः
तत्सवितुर्वरेण्यं
भर्गो देवस्य धीमहि
धियो यो नः प्रचोदयात् ॥

भूमिका

देवताओं की नामावली वह देवी शक्ति है जिससे सम्बंध करके मनुष्य अपने जीवन विकास के मार्ग में बड़ी सहायता प्राप्त कर सकता है । परमात्मा की अनेक शक्तियाँ है जिनके कार्य और गुण प्रथक प्रथक होते हैं उन सभी में देवताओं के अलग - अलग नामों व उनके जप की शक्तियों का महत्व " महत्वपूर्ण है । यह मनुष्य को सद्बुद्धि की प्रेरणा करती है । नामावली जप को आत्म सम्बंध करने वाले मनुष्य निरन्तर एक ऐसी सूक्ष्म एवं चैतन्य विद्युत धारा संचार करने लगती है जो प्रधानतः मन , बुद्धि , चित्त और अंतः करण पर यह जप अपना प्रभाव डालता है ।

बौद्धिक क्षेत्र के अनेको कुविचारों , असत् संकल्पों , पतनोन्मुख दुर्गुणों का अंधकार प्रभु के विशिष्ट नामों के मात्र बोलने से दूर हटने लगता है । इस जपका प्रकाश जितना - जितना तीव्र होने लगता है अंधकार का अंत उसी क्रम से होता जाता है ।

मनोभूमि को सुव्यवस्थित , स्वस्थ , सतोगुणी एवं संतुलित बनाने में नामावली जप का चमत्कारी लाभ असंदिग्ध है और यह भी स्पष्ट ही है कि जिनकी मनोभूमि जितनी अंशों में सुविकसित है , वह उसी अनुपात में सुखी रहेगा , क्योंकि विचारों से कार्य होते हैं और कार्यों के परिणाम सुख दुःख के रूप में सामने आते है । जिसके विचार उत्तम हैं वह उत्तम कार्य करेगा ,जिसके कार्य उत्तम होंगे उसके चरणों तले सुख शांति लौटती रहेगी।

नामावली उपासना द्वारा साधकों को बड़े - बड़े लाभ प्राप्त हो सकते हैं उन्हें सांसारिक , आत्मिक संतुष्टि और आश्चर्यजनक लाभ हो सकते हैं । इन सबका कारण यही है कि उन्हें दैवी वरदान के रूप में सद्बुद्धि प्राप्त होती है । और उसके प्रकाश में उन सब दुर्बलताओं , उलझनों कठिनाइयों का हल निकल आता है , जो मनुष्य को दीन हीन , दुःखी , दरिद्री , चिन्तातुर एवं कुमार्गगामी बनाती है । जैसे प्रकाश का न होना ही अंधकार है , वैसे अंधकार स्वतंत्र रूप से कोई वस्तु नहीं है । इसी प्रकार

सद्ज्ञान का न होना दुःख है , अन्यथा परमात्मा की इस पुण्य सृष्टि में दुःख का एक कण भी नहीं है , परमात्मा सत् - चित् - आनन्द स्वरूप है , उसकी रचना भी वैसी ही है ।केवल मनुष्य अपनी आंतरिक दुर्बलता के कारण , सद्ज्ञान के अभाव के कारण दुःखी रहता है , अन्यथा सुर दुर्लभ मानव शरीर "स्वर्गादपि गरीयसी " धरती माता पर दुःख का कोई कारण नहीं , यहाँ सर्वथा आनन्द है ।

प्रभु के विशिष्ट नामों के नियमानुसार जप से आपको आत्मिक सांसारिक सुखों की कमी नहीं रहती और प्रभु के विशिष्ट नामों के लेने से आपका उनके प्रतिज्ञान बढ़ेगा ऐसा हमारा मानना है । इस नामावली के द्वितीय भाग में विशिष्ट नामों के अर्थ एवं उनकी पूजन विधि प्रस्तुत की जायेगी पाठक उसे भी अवश्य पढ़ें।

- उज्जवल कुमार मिश्र
[mishraujjwal11122@gmail.com]

दुर्लभ नामावली

क्यों पढ़ें ?

भगवान सृष्टि के समस्त दुःखो के निवारण कर्ता है । और इनकी पूजा उपासना से जीवन का निर्वाह सहज हो जाता है । इनके नामों में छुपे हुए अद्भुत श्लोक हर ग्रह और नक्षत्र को नियंत्रित कर सकते हैं

<u>पाठ या मंत्र जप कब करें ?</u>

प्रत्येक नाम अनगिनत गुणों में से कुछ गुणों को सूचित करता है । देवता से सम्बंधित दिन तथा उनके अवतरण के दिवसों पर व सभी त्योहारों जैसे होली , दीवाली आदि प्रमुख पर्वो पर नाम स्तोत्र का पाठ या इनके १००८ (1008) पावन दिव्य नामों का यथा संभव न्यूनतम एक या अधिकाधिक जप करना चाहिए । इससे भगवान की कृपा प्राप्त होगी।भक्ति सभी मनोकामनाएं पूर्ण करने वाली हैं । इसके सुनने या पठन से मनुष्य की मनोकामनाएँ पूर्ण होने की मान्यता है ।

विशिष्ट नामों का महत्व :

यह नकारात्मक ज्योतिषीय प्रभावों को वश में करने में मदद करता है , इनमें उन दोषों को शामिल किया जाता है जो जन्म समय की ग्रहों की खराब स्थिति से उत्पन्न होते हैं । 'सहस्रनाम' व विभिन्न नियमानुसार नाम जप बुरी किस्मत और श्राप से दूर कर सकता है । जो व्यक्ति नामावली का जप करता है उसका भाग्य हमेशा उसका साथ देता है |

मनोवैज्ञानिक महत्व:

इसका मनोवैज्ञानिक लाभ भी है । दैनिक नामावली का जप करते हुए मन को काफी आराम मिलता है और अवांछित चिंताओं और विचलित विचारों से मुक्ति मिलती है , इससे मन में सकारात्मक पहलुओं पर ध्यान केंद्रित करने और कुशलता सीखने को मिलती है।

चरक संहिता में बुखार चिकित्सा (विष्णु सहस्रनाम)

चरक जैसे महान आयुर्वेद के जनक अपने ग्रंथ चरक संहिता में बुखार की चिकित्सा के बारे में कहा है

विष्णु रं स्तुवन्नामसहस्त्रेण ज्वरान् सर्वनपोहति।।

विष्णु सहस्त्र नाम के पाठ से ज्वर यानि बुखार का नाश होता है, रोगी के द्वारा न हो सकें तो विद्वान धर्मनिष्ठ से पाठ कराना चाहिए।पंच तत्व का सबसे सूक्ष्म तत्व आकाश होता है और वह परम शक्तिशाली तत्व है और हमारे मंत्रों का आकाश तत्व से संबंध होता है। मंत्र आकाश तत्व से परम निकट संबंध रखते हैं। मंत्रों का काम शरीर में स्थित शक्ति केंद्रों को जगाना है।मंत्र चिकित्सा में हम अपने देव को एक विधि से ही पुकारते हैं, जिससे हमारे शरीर के चक्र जाग जाते हैं और हम निरोग होते

हैं। इस चिकित्सा में पवित्रता, गुरु आराधना, यज्ञ, उपवास, तीर्थ ये सारी क्रियाएं तन एवं मन को शक्ति प्रदान करती हैं।

1

सहस्रनाम नामावली-

इन्हें पढने से हमे सभी प्रकार के रोगोंमुक्ति मिलती है. बुद्धि भ्रमित नही होती. मन शांत रहता है. बुरे कर्मो से छुटकारा मिलता है. देव, दानव, यक्ष, राक्षस, ब्रम्हराक्षस, बुरे मनुष्य सभी प्रकार के दुर्जनों से हमेशा के लिए छुटकारा मिलता है. और सरलता से इच्छाएं पूरी होती है.।

ॐ हनुमते नमः। ॐ धनदाय नमः।

ॐ श्रीप्रदाय नमः।ॐ निर्गुण नमः।

ॐ वायुपुत्राय नमः।ॐअकायाय नमः।

ॐ रुद्राय नमः। ॐ वीराय नमः।

ॐ अनघाय नमः।ॐ निधिपतये नमः

ॐ अजराय नमः। ॐ मुनये नमः।

ॐ अमृत्यवे नमःॐ पिङ्गालक्षाय नमः

ॐ वीरवीराय नमः। ॐवरदाय नमः।

ॐ ग्रामवासाय नमः।ॐ वाग्मिने नमः।

ॐ जनाश्रयाय नमः।ॐसीताशोकविनाशनाय नमः।

ॐ शिवाय नमः।

ॐ सर्वस्मै नमः।

ॐ परस्मै नमः।
ॐ अव्यक्ताय नमः।
ॐ व्यक्ताव्यक्ताय नमः।
ॐ रसाधराय नमः।
ॐ पिङ्गकेशाय नमः।

ॐ पिङ्गरोम्णे नमः।
ॐ श्रुतिगम्याय नमः।
ॐ सनातनाय नमः।
ॐ अनादये नमः।
ॐ भगवते नमः।
ॐ देवाय नमः।
ॐ विश्वहेतवे नमः।
ॐ निरामयाय नमः।
ॐ आरोग्यकर्त्रे नमः।
ॐ विश्वेशाय नमः।
ॐ विश्वनाथाय नमः।
ॐ हरीश्वराय नमः।
ॐ भर्गाय नमः।
ॐ रामाय नमः।
ॐ रामभक्ताय नमः।
ॐ कल्याणप्रकृतये नमः।
ॐ स्थिराय नमः।
ॐ विश्वम्भराय नमः।
ॐ विश्वमूर्तये नमः।
ॐ विश्वाकाराय नमः।
ॐ विश्वपाय नमः।
ॐ विश्वात्मने नमः।
50) ॐ विश्वसेव्याय नमः।
ॐ विश्वस्मै नमः।
ॐ विश्वहराय नमः।

ॐ रवये नमः।
ॐ विश्वचेष्टाय नमः।
ॐ विश्वगम्याय नमः।
ॐ विश्वध्येयाय नमः।
ॐ कलाधराय नमः।
ॐ प्लवङ्गमाय नमः।
ॐ कपिश्रेष्ठाय नमः।
ॐ ज्येष्ठाय नमः।
ॐ वैद्याय नमः।
ॐ वनेचराय नमः।
ॐ बालाय नमः।
ॐ वृद्धाय नमः।
ॐ यूने नमः।
ॐ तत्त्वाय नमः।
ॐ तत्त्वगम्याय नमः।
ॐ सख्ये नमः।
ॐ अजाय नमः।
ॐ अञ्जनासूनवे नमः।
ॐ अव्यग्राय नमः।
ॐ ग्रामख्याताय नमः।
ॐ धराधराय नमः।
ॐ भूर्लोकाय नमः।
ॐ भुवर्लोकाय नमः।
ॐ स्वर्लोकाय नमः।
ॐ महर्लोकाय नमः।
ॐ जनलोकाय नमः।
ॐ तपोलोकाय नमः।
ॐ अव्ययाय नमः।
ॐ सत्याय नमः।
ॐ ओंकारगम्याय नमः।

ॐ प्रणवाय नमः।
ॐ व्यापकाय नमः।
ॐ व्यापकाय नमः।
ॐ अमलाय नमः।
ॐ शिवधर्मप्रतिष्ठात्रे नमः।
ॐ रामेष्टाय नमः।
ॐ फाल्गुनप्रियाय नमः।
ॐ गोष्पदीकृतवारीशाय नमः।
ॐ पूर्णकामाय नमः।
ॐ धरापतये नमः।
ॐ रक्षोघ्नाय नमः।
ॐ पुण्डरीकाक्षाय नमः।
ॐ शरणागतवत्सलाय नमः।
ॐ जानकीप्राणदात्रे नमः।
ॐ रक्षःप्राणापहारकाय नमः।
ॐ पूर्णाय नमः।
ॐ सत्यायः नमः।
ॐ पीतवाससे नमः।
[100]ॐ दिवाकरसमप्रभाय नमः।
ॐ देवोद्यानविहारिणे नमः।
ॐ देवताभयभञ्जनाय नमः।
ॐ भक्तोदयाय नमः।
ॐ भक्तलब्धाय नमः।
ॐ भक्तपालनतत्पराय नमः।
ॐ द्रोणहर्त्रे नमः।
ॐ शक्तिनेत्रे नमः।
ॐ शक्तिराक्षसमारकाय नमः।
ॐ अक्षघ्नाय नमः।
ॐ रामदूताय नमः।
ॐ शाकिनीजीवहारकाय नमः।

ॐ बुबुकारहतारातये नमः।
ॐ गर्वपर्वतप्रमर्दनाय नमः।
ॐ हेतवे नमः।
ॐ अहेतवे नमः।
ॐ प्रांशवे नमः।
ॐ विश्वभर्त्रे नमः।
ॐ जगद्‌गुरवे नमः।
ॐ जगन्नेत्रे नमः।
ॐ जगन्नाथाय नमः।
ॐ जगदीशाय नमः।
ॐ जनेश्वराय नमः।
ॐ जगदिद्धिताय नमः।
ॐ हरये नमः।
ॐ श्रीशाय नमः।
ॐ गरुडस्मयभञ्जनाय नमः।
ॐ पार्थध्वजाय नमः।
ॐ वायुपुत्राय नमः।
ॐ अमितपुच्छाय नमः।
ॐ अमितविक्रमाय नमः।
ॐ ब्रह्मपुच्छाय नमः।
ॐ परब्रह्मपुच्छाय नमः।
ॐ रामेष्टकारकाय नमः।
ॐ सुग्रीवादियुताय नमः
ॐ ज्ञानिने नमः।
ॐ वानराय नमः।
ॐ वानरेश्वराय नमः।
ॐ कल्पस्थायिने नमः।
ॐ चिरञ्जीविने नमः।
ॐ तपनाय नमः।
ॐ सदाशिवाय नमः।

ॐ सन्नतये नमः।
ॐ सद्गतये नमः।
ॐ भुक्तिमुक्तिदाय नमः।
ॐ कीर्तिदायकाय नमः।
ॐ कीर्तये नमः।
ॐ कीर्तिप्रदाय नमः।
ॐ समुद्राय नमः।
ॐ श्रीप्रदाय नमः।
ॐ शिवाय नमः।
ॐ भक्तोदयाय नमः।
ॐ भक्तगम्याय नमः।
ॐ भक्तभाग्यप्रदायकाय नमः।
ॐ उदधिक्रमणाय नमः।
ॐ देवाय नमः।
ॐ संसारभयनाशनाय नमः।
ॐ वार्धिबन्धनकृते नमः।
ॐ विश्वजेत्रे नमः।
ॐ विश्वप्रतिष्ठिताय नमः।
ॐ लङ्कारये नमः।
ॐ कालपुरुषाय नमः।
ॐ लङ्केशगृहभञ्जनाय नमः।
ॐ भूतावासाय नमः।
ॐ वासुदेवाय नमः।
ॐ वसवे नमः।
ॐ त्रिभुवनेश्वराय नमः।
ॐ श्रीरामरूपाय नमः।
ॐ कृष्णाय नमः।
ॐ लङ्काप्रासादभञ्जकाय नमः।
ॐ कृष्णाय नमः।
ॐ कृष्णस्तुताय नमः।

ॐ शान्ताय नमः।
ॐ शान्तिदाय नमः।
ॐ विश्वपावनाय नमः।
ॐ विश्वभोक्त्रे नमः।
ॐ मारघ्नाय नमः।
ॐ ब्रह्मचारिणे नमः।
ॐ जितेन्द्रियाय नमः।
ॐ ऊर्ध्वगाय नमः।
ॐ लाङ्गुलिने नमः।
ॐ मालिने नमः।
ॐ लाङ्गूलाहतराक्षसाय नमः।
ॐ समीरतनुजाय नमः।
ॐ वीराय नमः।
ॐ वीरताराय नमः।
ॐ जयप्रदाय नमः।
ॐ जगन्मङ्गलदाय नमः।
ॐ पुण्याय नमः।
ॐ पुण्यश्रवणकीर्तनाय नमः।
ॐ पुण्यकीर्तये नमः।
ॐ पुण्यगतये नमः।
ॐ जगत्पावनापावनाय नमः।
ॐ देवेशाय नमः।
ॐ जितमाराय नमः।
ॐ रामभक्तिविधायकाय नमः।
ॐ ध्यात्रे नमः।
ॐ ध्येयाय नमः।
ॐ लयाय नमः।
ॐ साक्षिणे नमः।
200) ॐ चेतसे नमः।
ॐ चैतन्यविग्रहाय नमः।

ॐ ज्ञानदाय नमः।
ॐ प्राणदाय नमः।
ॐ प्राणाय नमः।
ॐ जगत्प्राणाय नमः।
ॐ समीरणाय नमः।
ॐ विभीषणप्रियाय नमः।
ॐ शूराय नमः।
ॐ पिप्पलाश्रयसिद्धिदाय नमः।
ॐ सिद्धाय नमः।
ॐ सिद्धाश्रयाय नमः।
ॐ कालाय नमः।
ॐ महोक्षाय नमः।
ॐ कालाजान्तकाय नमः।
ॐ लङ्केशनिधनाय नमः।
ॐ स्थायिने नमः।
ॐ लङ्कादाहकाय नमः।
ॐ ईश्वराय नमः।
ॐ चन्द्रसूर्याग्निनेत्राय नमः।
ॐ कालाग्नये नमः।
ॐ प्रलयान्तकाय नमः।
ॐ कपिलाय नमः।
ॐ कपिशाय नमः।
ॐ पुण्यराशये नमः।
ॐ द्वादशराशिगाय नमः।
ॐ सर्वाश्रयाय नमः।
ॐ अप्रमेयात्मने नमः।
ॐ रेवत्यादिनिवारकाय नमः।
ॐ लक्ष्मणप्राणदात्रे नमः।
ॐ सीताजीवनहेतुकाय नमः।
ॐ रामध्येयाय नमः।

ॐ हृषिकेशाय नमः।
ॐ विष्णुभक्ताय नमः।
ॐ जटिने नमः।
ॐ बलिने नमः।
ॐ देवारिदर्पघ्ने नमः।
ॐ होत्रे नमः।
ॐ धात्रे नमः।
ॐ कर्त्रे नमः।
ॐ जगत्प्रभवे नमः।
ॐ नगरग्रामपालाय नमः।
ॐ शुद्धाय नमः।
ॐ बुद्धाय नमः।
ॐ निरत्रपाय नमः।
ॐ निरञ्जनाय नमः।
ॐ निर्विकल्पाय नमः।
ॐ गुणातीताय नमः।
ॐ भयङ्कराय नमः।
ॐ हनुमते नमः।
ॐ दुराराध्याय नमः।
ॐ तपःसाध्याय नमः।
ॐ महेश्वराय नमः।
ॐ जानकीधनशोकोत्थतापहर्त्रे नमः।
ॐ परात्परस्मै नमः।
ॐ वाङ्मयाय नमः।
ॐ सदसद्रूपाय नमः।
ॐ कारणाय नमः।
ॐ प्रकृतेः परस्मै नमः।
ॐ भाग्यदाय नमः।
ॐ निर्मलाय नमः।
ॐ नेत्रे नमः।

ॐ पुच्छलङ्काविदाहकाय नमः।
ॐ पुच्छबद्धयातुधानाय नमः।
ॐ यातुधानरिपुप्रियाय नमः।
ॐ छायापहारिणे नमः।
ॐ भूतेशाय नमः।
ॐ लोकेशाय नमः।
ॐ सद्गतिप्रदाय नमः।
ॐ प्लवङ्गमेश्वराय नमः।
ॐ क्रोधाय नमः।
ॐ क्रोधसंरक्तलोचनाय नमः।
ॐ सौम्याय नमः।
ॐ गुरवे नमः।
ॐ काव्यकर्त्रे नमः।
ॐ भक्तानां वरप्रदाय नमः।
ॐ भक्तानुकम्पिने नमः।
ॐ विश्वेशाय नमः।
ॐ पुरुहूताय नमः।
ॐ पुरन्दराय नमः।
ॐ क्रोधहर्त्रे नमः।
ॐ तमोहर्त्रे नमः।
ॐ भक्ताभयवरप्रदाय नमः।
ॐ अग्नये नमः।
ॐ विभावसवे नमः।
ॐ भास्वते नमः।
ॐ यमाय नमः।
ॐ निर्ऋतये नमः।
ॐ वरुणाय नमः।
ॐ वायुगतिमते नमः।
ॐ वायवे नमः।
ॐ कौबेराय नमः।

ॐ ईश्वराय नमः।

ॐ रवये नमः।

ॐ चन्द्राय नमः।

ॐ कुजाय नमः।

ॐ सौम्याय नमः।

ॐ गुरवे नमः।

ॐ काव्याय नमः।

ॐ शनैश्चराय नमः।

300) ॐ राहवे नमः

ॐ केतवे नमः।

ॐ मरुते नमः।

ॐ होत्रे नमः।

ॐ दात्रे नमः।

ॐ हर्त्रे नमः।

ॐ समीरजाय नमः।

ॐ मशकीकृतदेवारये नमः।

ॐ दैत्यारये नमः।

ॐ मधुसूदनाय नमः।

ॐ कामाय नमः।

ॐ कपये नमः।

ॐ कामपालाय नमः।

ॐ कपिलाय नमः।

ॐ विश्वजीवनाय नमः।

ॐ भागीरथीपदाम्भोजाय नमः।

ॐ सेतुबन्धविशारदाय नमः।

ॐ स्वाहायै नमः।

ॐ स्वधायै नमः।

ॐ हविषे नमः।

ॐ कव्याय नमः।

ॐ हव्यवाहप्रकाशकाय नमः।

ॐ स्वप्रकाशाय नमः।
ॐ महावीराय नमः।
ॐ लघवे नमः।
ॐ ऊर्जितविक्रमाय नमः।
ॐ उड्डीनोड्डीनगतिमते नमः।
ॐ सद्‌गतये नमः।
ॐ पुरुषोत्तमाय नमः।
ॐ जगदात्मने नमः।
ॐ जगद्योनये नमः।
ॐ जगदन्ताय नमः।
ॐ अनन्तकाय नमः।
ॐ विपाप्मने नमः।
ॐ निष्कलङ्काय नमः।
ॐ महते नमः।
ॐ महदहङ्कृतये नमः।
ॐ खाय नमः।
ॐ वायवे नमः।
ॐ पृथिव्यै नमः।
ॐ अद्भ्यो नमः।
ॐ वह्नये नमः।
ॐ दिक्पालाय नमः।
ॐ क्षेत्रज्ञाय नमः।
ॐ क्षेत्रहर्त्रे नमः।
ॐ पल्वलीकृतसागराय नमः।
ॐ हिरण्मयाय नमः।
ॐ पुराणाय नमः।
ॐ खेचराय नमः।
ॐ भूचराय नमः।
ॐ अमराय नमः।
ॐ हिरण्यगर्भाय नमः।

ॐ सूत्रात्मने नमः।
ॐ राजराजाय नमः।
ॐ विशाम्पतये नमः।
ॐ वेदान्तवेद्याय नमः।
ॐ उद्गीथाय नमः।
ॐ वेदवेदाङ्गपारगाय नमः।
ॐ प्रतिग्रामस्थितये नमः।
ॐ सद्यः स्फूर्तिदात्रे नमः।
ॐ गुणाकराय नमः।
ॐ नक्षत्रमालिने नमः।
ॐ भूतात्मने नमः।
ॐ सुरभये नमः।
ॐ कल्पपादपाय नमः।
ॐ चिन्तामणये नमः।
ॐ गुणनिधये नमः।
ॐ प्रजाधाराय नमः।
ॐ अनुत्तमाय नमः।
ॐ पुण्यश्लोकाय नमः।
ॐ पुरारातये नमः।
ॐ ज्योतिष्मते नमः।
ॐ शर्वरीपतये नमः
ॐकिल्किलारावसन्त्रस्तभूतप्रेतपिशाचकाय नमः।
ॐ ऋणत्रयहराय नमः।
ॐ सूक्ष्माय नमः।
ॐ स्थूलाय नमः।
ॐ सर्वगतये नमः।
ॐ पुंसे नमः।
ॐ अपस्मारहराय नमः।
ॐ स्मर्त्रे नमः।
ॐ श्रुतये नमः।

ॐ गाथायै नमः।
ॐ स्मृतये नमः।
ॐ मनवे नमः।
ॐ स्वर्गद्वाराय नमः।
ॐ प्रजाद्वाराय नमः।
ॐ मोक्षद्वाराय नमः।
ॐ यतीश्वराय नमः।
ॐ नादरूपाय नमः।
ॐ परस्मै ब्रह्मणे नमः।
ॐ ब्रह्मणे नमः।
ॐ ब्रह्मपुरातनाय नमः।
ॐ एकस्मै नमः।
ॐ अनेकाय नमः।
ॐ जनाय नमः।
ॐ शुक्लाय नमः।
ॐ स्वयंज्योतिषे नमः।
ॐ अनाकुलाय नमः।
ॐ ज्योतिर्ज्योतिषे नमः।
400) ॐ अनादये नमः।
ॐ सात्त्विकाय नमः।
ॐ राजसाय नमः।
ॐ तमाय नमः।
ॐ तमोहर्त्रे नमः।
ॐ निरालम्बाय नमः।
ॐ निराकाराय नमः।
ॐ गुणाकराय नमः।
ॐ गुणाश्रयाय नमः।
ॐ गुणमयाय नमः।
ॐ बृहत्कर्मणे नमः।
ॐ बृहद्यशसे नमः।

ॐ बृहद्धनवे नमः।
ॐ बृहत्पादाय नमः।
ॐ बृहन्मूर्ध्ने नमः।
ॐ बृहत्स्वनाय नमः।
ॐ बृहत्कर्णाय नमः।
ॐ बृहन्नासाय नमः।
ॐ बृहद्बाहवे नमः।
ॐ बृहत्तनवे नमः।
ॐ बृहज्जानवे नमः।
ॐ बृहत्कार्याय नमः।
ॐ बृहत्पुच्छाय नमः।
ॐ बृहत्कराय नमः।
ॐ बृहद्गतये नमः।
ॐ बृहत्सेव्याय नमः।
ॐ बृहल्लोकफलप्रदाय नमः।
ॐ बृहच्छक्तये नमः।
ॐ बृहद्वाञ्छाफलदाय नमः।
ॐ बृहदीश्वराय नमः।
ॐ बृहल्लोकनुताय नमः।
ॐ द्रष्ट्रे नमः।
ॐ विद्यादात्रे नमः।
ॐ जगद्गुरवे नमः।
ॐ देवाचार्याय नमः।
ॐ सत्यवादिने नमः।
ॐ ब्रह्मवादिने नमः।
ॐ कलाधराय नमः।
ॐ सप्तपातालगामिने नमः।
ॐ मलयाचलसंश्रयाय नमः।
ॐ उत्तराशास्थिताय नमः।
ॐ श्रीदाय नमः।

ॐ दिव्यौषधिवशाय नमः।
ॐ खगाय नमः।
ॐ शाखामृगाय नमः।
ॐ कपीन्द्राय नमः।
ॐ पुराणश्रुतिचञ्चुराय नमः।
ॐ चतुरब्राह्मणाय नमः।
ॐ योगिने नमः।
ॐ योगगम्याय नमः।
ॐ परस्मै नमः।
ॐ अवरस्मै नमः।
ॐ अनादिनिधनाय नमः।
ॐ व्यासाय नमः।
ॐ वैकुण्ठाय नमः।
ॐ पृथिवीपतये नमः।
ॐ अपराजिताय नमः।
ॐ जितारातये नमः।
ॐ सदानन्दाय नमः।
ॐ दयायुताय नमः।
ॐ गोपालाय नमः।
ॐ गोपतये नमः।
ॐ गोप्त्रे नमः।
ॐ कलिकालपराशराय नमः।
ॐ मनोवेगिने नमः।
ॐ सदायोगिने नमः।
ॐ संसारभयनाशनाय नमः।
ॐ तत्त्वदात्रे नमः।
ॐ तत्त्वज्ञाय नमः।
ॐ तत्त्वाय नमः।
ॐ तत्त्वप्रकाशकाय नमः।
ॐ शुद्धाय नमः।

ॐ बुद्धाय नमः।
ॐ नित्यमुक्ताय नमः।
ॐ भक्तराजाय नमः।
ॐ जयद्रथाय नमः।
ॐ प्रलयाय नमः।
ॐ अमितमायाय नमः।
ॐ मायातीताय नमः।
ॐ विमत्सराय नमः।
ॐ मायाभर्जितरक्षसे नमः।
ॐ मायानिर्मितविष्टपाय नमः।
ॐ मायाश्रयाय नमः।
ॐ निर्लेपाय नमः।
ॐ मायानिर्वर्तकाय नमः।
ॐ सुखाय नमः।
ॐ सुखिने नमः।
ॐ सुखप्रदाय नमः।
ॐ नागाय नमः।
ॐ महेशकृतसंस्तवाय नमः।
ॐ महेश्वराय नमः।
ॐ सत्यसन्धाय नमः।
ॐ शरभाय नमः।
ॐ कलिपावनाय नमः।
ॐ सहस्रकन्धरबलविध्वंसनविचक्षणाय नमः।
ॐ सहस्रबाहवे नमः।
ॐ सहजाय नमः।
ॐ द्विबाहवे नमः।
ॐ द्विभुजाय नमः।
ॐ अमराय नमः।
ॐ चतुर्भुजाय नमः।[500]
ॐ दशभुजाय नमः।

ॐ हयग्रीवाय नमः।
ॐ खगाननाय नमः।
ॐ कपिवक्त्राय नमः।
ॐ कपिपतये नमः।
ॐ नरसिंहाय नमः।
ॐ महाद्युतये नमः।
ॐ भीषणाय नमः।
ॐ भावगाय नमः।
ॐ वन्द्याय नमः।
ॐ वराहाय नमः।
ॐ वायुरूपधृषे नमः।
ॐ लक्ष्मणप्राणदात्रे नमः।
ॐ पराजितदशाननाय नमः।
ॐ पारिजातनिवासिने नमः।
ॐ वटवे नमः।
ॐ वचनकोविदाय नमः।
ॐ सुरसास्यविनिर्मुक्ताय नमः।
ॐ सिंहिकाप्राणहारकाय नमः।
ॐ लङ्कालङ्कारविध्वंसिने नमः।
ॐ वृषदंशकरूपधृषे नमः।
ॐ रात्रिसंचारकुशलाय नमः।
ॐ रात्रिंचरगृहाग्निदाय नमः।
ॐ किङ्करान्तकराय नमः।
ॐ जम्बुमालिहन्त्रे नमः।
ॐ उग्ररूपधृषे नमः।
ॐ आकाशचारिणे नमः।
ॐ हरिगाय नमः।
ॐ मेघनादरणोत्सुकाय नमः।
ॐ मेघगम्भीरनिनदाय नमः।
ॐ महारावणकुलान्तकाय नमः।

ॐ कालनेमिप्राणहारिणे नमः।
ॐ मकरीशापमोक्षदाय नमः।
ॐ रसाय नमः।
ॐ रसज्ञाय नमः।
ॐ सम्मानाय नमः।
ॐ रूपाय नमः।
ॐ चक्षुषे नमः।
ॐ श्रुतये नमः।
ॐ वचसे नमः।
ॐ घ्राणाय नमः।
ॐ गन्धाय नमः।
ॐ स्पर्शनाय नमः।
ॐ स्पर्शाय नमः।
ॐ अहङ्कारमानगाय नमः।
ॐ नेतिनेतीतिगम्याय नमः।
ॐ वैकुण्ठभजनप्रियाय नमः।
ॐ गिरीशाय नमः।
ॐ गिरिजाकान्ताय नमः।
ॐ दुर्वाससे नमः।
ॐ कवये नमः।
ॐ अङ्गिरसे नमः।
ॐ भृगवे नमः।
ॐ वसिष्ठाय नमः।
ॐ च्यवनाय नमः।
ॐ नारदाय नमः।
ॐ तुम्बराय नमः।
ॐ अमलाय नमः।
ॐ विश्वक्षेत्राय नमः।
ॐ विश्वबीजाय नमः।
ॐ विश्वनेत्राय नमः।

ॐ विश्वपाय नमः।
ॐ याजकाय नमः।
ॐ यजमानाय नमः।
ॐ पावकाय नमः।
ॐ पितृभ्यो नमः।
ॐ श्रद्धायै नमः।
ॐ बुद्धयै नमः।
ॐ क्षमायै नमः।
ॐ तन्द्रायै नमः।
ॐ मन्त्राय नमः।
ॐ मन्त्रयित्रे नमः।
ॐ स्वराय नमः।
ॐ राजेन्द्राय नमः।
ॐ भूपतये नमः।
ॐ रुण्डमालिने नमः।
ॐ संसारसारथये नमः।
ॐ नित्यसम्पूर्णकामाय नमः।
ॐ भक्तकामदुहे नमः।
ॐ उत्तमाय नमः।
ॐ गणपाय नमः।
ॐ केशवाय नमः।
ॐ भ्रात्रे नमः।
ॐ पित्रे नमः।
ॐ मात्रे नमः।
ॐ मारुतये नमः।
ॐ सहस्रमूर्ध्ने नमः।
ॐ अनेकास्याय नमः।
ॐ सहस्राक्षाय नमः।
ॐ सहस्रपादे नमः।
ॐ कामजिते नमः।

ॐ कामदहनाय नमः।

ॐ कामाय नमः

ॐ कामफलप्रदाय नमः।

ॐ मुद्रापहारिणे नमः।बलाय नमः।

ॐ रक्षोघ्नाय नमः।ॐ नखदंष्ट्रायुधाय नमः।

ॐ क्षितिभारहराय नमः। 600) ॐ विष्णवे नमः।

ॐ भक्ताभयवरप्रदाय नमः।

ॐ दर्पघ्ने नमः।

ॐ दर्पदाय नमः।

ॐ दंष्ट्राशतमूर्तये नमः।

ॐ अमूर्तिमते नमः।

ॐ महानिधये नमः।

ॐ महाभागाय नमः।

ॐ महाभर्गाय नमः।

ॐ महादिर्धदाय नमः।

ॐ महाकाराय नमः।

ॐ महायोगिने नमः।

ॐ महातेजसे नमः।

ॐ महाद्युतये नमः।

ॐ महासनाय नमः।

ॐ महानादाय नमः।

ॐ महामन्त्राय नमः।

ॐ महामतये नमः।

ॐ महागमाय नमः।

ॐ महोदाराय नमः।

ॐ महादेवात्मकाय नमः।ॐ क्रूरकर्मणे नमः।

ॐ रत्नाभाय नमः। ॐ कृतागमाय नमः।

ॐ विभवे नमः।ॐ रौद्रकर्मणे नमः।

ॐ अम्भोधिलङ्घनाय नमः।

ॐ सिंहाय नमः।

ॐ सत्यधर्मप्रमोदनाय नमः।
ॐ जितामित्राय नमः।
ॐ जयाय नमः।
ॐ सोमाय नमः।
ॐ विजयाय नमः।
ॐ वायुनन्दनाय नमः।
ॐ जीवदात्रे नमः।
ॐ सहस्रांशवे नमः।
ॐ मुकुन्दाय नमः।
ॐ भूरिदक्षिणाय नमः।
ॐ सिद्धार्थाय नमः।
ॐ सिद्धिदाय नमः।
ॐ सिद्धसङ्कल्पाय नमः।
ॐ सिद्धिहेतुकाय नमः। ॐ सप्तद्वीपोरुमण्डलाय नमः।
ॐ सप्तपातालचरणाय नमः।
ॐ सप्तर्षिगणवन्दिताय नमः।
ॐ सप्ताब्धिलङ्घनाय नमः।
ॐ वीराय नमः। ॐ सप्तमातृनिषेविताय नमः।
ॐ सप्तस्वर्लोकमुकुटाय नमः।
ॐ सप्ताङ्गराज्यसुखदायनमः। ॐ सप्तहोत्रे नमः
ॐ स्वाराश्रयाय नमः।
ॐ सप्तच्छन्दोनिधये नमः।
ॐ सप्तच्छन्दसे नमः।
ॐ सप्तजनाश्रयाय नमः।
ॐ सप्तसामोपगीताय नमः।
ॐ सप्तपातालसंश्रयाय नमः।
ॐ मेधादाय नमः।
ॐ कीर्तिदाय नमः।
ॐ शोकहारिणे नमः।
ॐ दौर्भाग्यनाशनाय नमः।

ॐ सर्वरक्षाकराय नमः।

ॐ गर्भदोषघ्ने नमः।

ॐ पुत्रपौत्रदाय नमः।

ॐ प्रतिवादिमुखस्तम्भाय नमः।

ॐ रुष्टचित्तप्रसादनाय नमः।

ॐ पराभिचारशमनाय नमः।

ॐ दुःखघ्ने नमः।

ॐ बन्धमोक्षदाय नमः।

ॐ नवद्वारपुराधाराय नमः।

ॐ नवद्वारनिकेतनाय नमः।

ॐ नरनारायणस्तुत्याय नमः।

ॐ नवनाथमहेश्वराय नमः।

ॐ मेखलिने नमः

ॐ कवचिने नमः।

ॐ खड्गिने नमः।

ॐ भ्राजिष्णवे नमः।

ॐ जिष्णुसारथये नमः।

ॐ बहुयोजनविस्तीर्णपुच्छाय नमः।

ॐ पुच्छहतासुराय नमः।

ॐ दुष्टग्रहनिहन्त्रे नमः।

ॐ पिशाचग्रहघातकाय नमः।

ॐ बालग्रहविनाशिने नमः।

ॐ धर्मनेत्रे नमः।

ॐ कृपाकराय नमः।

ॐ उग्रकृत्याय नमः।

ॐ उग्रवेगाय नमः।

ॐ उग्रनेत्राय नमः।

ॐ शतक्रतवे नमः।

ॐ शतमन्युनुताय नमः।

ॐ स्तुत्याय नमः।

ॐ स्तुतये नमः।
ॐ स्तोत्रे नमः।
ॐ महाबलाय नमः।
ॐ समग्रगुणशालिने नमः।
ॐ व्यग्राय नमः।
ॐ रक्षोविनाशकाय नमः।
ॐ रक्षोऽग्निदाहाय नमः।
ॐ ब्रह्मेशाय नमः।
ॐ श्रीधराय नमः।
700) ॐ भक्तवत्सलाय नमः।
ॐ मेघनादाय नमः।
ॐ मेघरूपाय नमः।
ॐ मेघवृष्टिनिवारकाय नमः।
ॐ मेघजीवनहेतवे नमः।
ॐ मेघश्यामाय नमः।
ॐ परात्मकाय नमः।
ॐ समीरतनयाय नमः।
ॐ योद्धे नमः।
ॐ नृत्यविद्याविशारदाय नमः।
ॐ अमोघाय नमः।
ॐ अमोघदृष्टये नमः।
ॐ इष्टदाय नमः।
ॐ अरिष्टनाशनाय नमः।
ॐ अर्थाय नमः।
ॐ अनर्थापहारिणे नमः।
ॐ समर्थाय नमः।
ॐ रामसेवकाय नमः।
ॐ अर्थिवन्द्याय नमः।
ॐ असुरारातये नमः।
ॐ पुण्डरीकाक्षाय नमः।ॐ विशुद्धात्मने नमः।

ॐ आत्मभुवे नमः।ॐ विद्याराशये नमः।

ॐ सङ्कर्षणाय नमः।।ॐ सुरेश्वराय नमः

ॐ मेघनादाय नमः।

ॐ मेघरूपाय नमः।

ॐ मेघवृष्टिनिवारकाय नमः।

ॐ मेघजीवनहेतवे नमः।

ॐ मेघश्यामाय नमः।

ॐ परात्मकाय नमः।

ॐ समीरतनयाय नमः।

ॐ योद्धे नमः।

ॐ नृत्यविद्याविशारदाय नमः।

ॐ अमोघाय नमः।

ॐ अमोघदृष्टये नमः।

ॐ इष्टदाय नमः।

ॐ अरिष्टनाशनाय नमः।

ॐ अर्थाय नमः।

ॐ अनर्थापहारिणे नमः।

ॐ समर्थाय नमः।

ॐ रामसेवकाय नमः।

ॐ अर्थिवन्द्याय नमः।

ॐ असुरारातये नमः।

ॐ पुण्डरीकाक्षाय नमः।

ॐ आत्मभुवे नमः।

ॐ सङ्कर्षणाय नमः।

ॐ विशुद्धात्मने नमः।

ॐ विद्याराशये नमः।

ॐ सुरेश्वराय नमः।

ॐ कर्माध्यक्षाय नमः।

ॐ सुराध्यक्षाय नमः।

ॐ विश्रामाय नमः।

ॐ जगतीपतये नमः।

ॐ जगन्नाथाय नमः।

ॐ कपीशाय नमः।

ॐ सर्वावासाय नमः।

ॐ सदाश्रयाय नमः।

ॐ सुग्रीवादिस्तुताय नमः।

ॐ दान्ताय नमः।

ॐ सर्वकर्मणे नमः।

ॐ प्लवङ्गमाय नमः।

ॐ नखदारितरक्षसे नमः।

ॐ नखयुद्धविशारदाय नमः।

ॐ कुशलाय नमः।ॐ सुधनाय नमः।

ॐ शेषाय नमः।ॐ वासुकये नमः।

ॐ तक्षकाय नमः।ॐ स्वर्णवर्णाय नमः।

ॐ बलाढ्याय नमः।ॐ पुरुजेत्रे नमः।

ॐ अघनाशनाय नमः।

ॐ कैवल्यरूपाय नमः।

ॐ कैवल्याय नमः

ॐ गरुडाय नमः।

ॐ पन्नगोरगाय नमः।

ॐ किल्किल् रावहतारातये नमः।

ॐ गर्वपर्वतभेदनाय नमः।

ॐ वज्राङ्गाय नमः।

ॐ वज्रदंष्ट्राय नमः।

ॐ भक्तवज्रनिवारकाय नमः।

ॐ नखायुधाय नमः।

ॐ मणिग्रीवाय नमः।

ॐ ज्वालामालिने नमः।

ॐ भास्कराय नमः।

ॐ प्रौढप्रतापाय नमः।

ॐ तपनाय नमः।

ॐ भक्ततापनिवारकाय नमः।

ॐ शरणाय नमः।ॐ जीवनाय नमः।

ॐ भोक्त्रे नमः।ॐ नानाचेष्टाय नमः।

ॐ अचञ्चलाय नमः।ॐ स्वस्तिमते नमः।

ॐ स्वास्तिदाय नमः।

ॐ दुःखशातनाय नमः।

ॐ पवनात्मजाय नमः।

ॐ पावनाय नमः।

800) ॐ पवनाय नमः।

ॐ कान्ताय नमः।

ॐ भक्तागःसहनाय नमः।

ॐ बलिने नमः।

ॐ मेघनादरिपवे नमः

ॐ मेघनादसंहतराक्षसाय नमः।

ॐ क्षराय नमः।ॐ अक्षराय नमः।

ॐ विनीतात्मने नमः।

ॐ वानरेशाय नमः।

ॐ सताङ्गतये नमः।

ॐ श्रीकण्ठाय नमः।

ॐ शितिकण्ठाय नमः।

ॐ सहायाय नमः।

ॐ सहनायकाय नमः।

ॐ अस्थूलाय नमः।ॐ अनणवे नमः।

ॐ भर्गाय नमः।ॐ दिव्याय नमः।

ॐ संसृतिनाशनाय नमः।

ॐ अध्यात्मविद्यासाराय नमः।

ॐ अध्यात्मकुशलाय नमः। ॐ सुधिये नमः।

ॐ अकल्मषाय नमः।ॐ सत्यहेतवे नमः।

ॐ सत्यदाय नमः।

ॐ सत्यगोचराय नमः।
ॐ सत्यगर्भाय नमः।
ॐ सत्यरूपाय नमः।
ॐ सत्याय नमः।
ॐ सत्यपराक्रमाय नमः।
ॐ अञ्जनाप्राणलिङ्गाय नमः।
ॐ वायुवंशोद्भवाय नमः
ॐ शुभाय नमः।
ॐ भद्ररूपाय नमः।
ॐ रुद्ररूपाय नमः।
ॐ सुरूपाय नमः।
ॐ चित्ररूपधृषे नमः।
ॐ मैनाकवन्दिताय नमः।
ॐ सूक्ष्मदर्शनाय नमः।
ॐ विजयाय नमः।
ॐ जयाय नमः।
ॐ क्रान्तदिङ्मण्डलाय नमः।
ॐ रुद्राय नमः।
ॐ प्रकटीकृतविक्रमाय नमः।
ॐ कम्बुकण्ठाय नमः।
ॐ प्रसन्नात्मने नमः।
ॐ ह्रस्वनासाय नमः।
ॐ वृकोदराय नमः।
ॐ लम्बौष्ठाय नमः।
ॐ कुण्डलिने नमः।
ॐ चित्रमालिने नमः।
ॐ योगविदां वराय नमः।
ॐ विपश्चिते नमः।
ॐ कवये नमः।
ॐ आनन्दविग्रहाय नमः।

ॐ अनल्पशासनाय नमः।
ॐ फाल्गुनीसूनवे नमः।
ॐ अव्यग्राय नमः।
ॐ योगात्मने नमः।
ॐ योगतत्पराय नमः।
ॐ योगविदे नमः।
ॐ योगकर्त्रे नमः।
ॐ योगयोनये नमः।
ॐ दिगम्बराय नमः।
ॐ अकारादिहकारान्तवर्णनिर्मितविग्रहाय नमः।
ॐ उलूखलमुखाय नमः।
ॐ सिद्धसंस्तुताय नमः।
ॐ प्रमथेश्वराय नमः।
ॐ श्लिष्टजङ्घाय नमः।
ॐ श्लिष्टजानवे नमः।
ॐ श्लिष्टपाणये नमः।
ॐ शिखाधराय नमः।
ॐ सुशर्मणे नमः।
ॐ अमितशर्मणे नमः।
ॐ नारायणपरायणाय नमः।
ॐ जिष्णवे नमः।
ॐ भविष्णवे नमः।
ॐ रोचिष्णवे नमः।
ॐ ग्रसिष्णवे नमः।
ॐ स्थाणवे नमः।
ॐ हरिरुद्रानुसेकाय नमः।
ॐ कम्पनाय नमः।
ॐ भूमिकम्पनाय नमः।
ॐ गुणप्रवाहाय नमः।
ॐ सूत्रात्मने नमः।

ॐ वीतरागस्तुतिप्रियाय नमः।
ॐ नागकन्याभयध्वंसिने नमः।
ॐ रुक्मवर्णाय नमः।
ॐ कपालभृते नमः।
ॐ अनाकुलाय नमः।
ॐ भवोपायाय नमः।
ॐ अनपायाय नमः।
ॐ वेदपारगाय नमः।
ॐ अक्षराय नमः।
ॐ पुरुषाय नमः।
ॐ लोकनाथाय नमः।
ॐ ऋक्षःप्रभवे नमः।
ॐ दृढाय नमः।
ॐ अष्टाङ्गयोग फलभुजे नमः।
900) ॐ सत्यसन्धाय नमः
ॐ पुरुष्टुताय नमः।
ॐ श्मशानस्थाननिलयाय नमः।
ॐ प्रेतविद्रावणक्षमाय नमः।
ॐ पञ्चाक्षरपराय नमः।
ॐ पञ्चमातृकाय नमः।
ॐ रञ्जनध्वजाय नमः।
ॐ योगिनीवृन्दवन्द्यश्रियै नमः।
ॐ शत्रुघ्नाय नमः।
ॐ अनन्तविक्रमाय नमः।
ॐ ब्रह्मचारिणे नमः।
ॐ इन्द्रियरिपवे नमः।
ॐ धृतदण्डाय नमः।
ॐ दशात्मकाय नमः।
ॐ अप्रपञ्चाय नमः।
ॐ सदाचाराय नमः।

ॐ शूरसेनाविदारकाय नमः।
ॐ वृद्धाय नमः।
ॐ प्रमोदाय नमः।
ॐ आनन्दाय नमः।
ॐ सप्तद्वीपपतिन्धराय नमः।
ॐ नवद्वारपुराधाराय नमः।
ॐ प्रत्यग्राय नमः।
ॐ सामगायकाय नमः।
ॐ षट्चक्रधाम्ने नमः।
ॐ स्वर्लोकाभयकृते नमः।
ॐ मानदाय नमः।
ॐ मदाय नमः।
ॐ सर्ववश्यकराय नमः।
ॐ शक्तये नमः।
ॐ अनन्ताय नमः।
ॐ अनन्तमङ्गलाय नमः।
ॐ अष्टमूर्तये नमः।
ॐ नयोपेताय नमः।
ॐ विरूपाय नमः।
ॐ सुरसुन्दराय नमः।
ॐ धूमकेतवे नमः।
ॐ महाकेतवे नमः।
ॐ सत्यकेतवे नमः।
ॐ महारथाय नमः।
ॐ नन्दिप्रियाय नमः।
ॐ स्वतन्त्राय नमः।
ॐ मेखलिने नमः।
ॐ डमरुप्रियाय नमः।
ॐ लौहाङ्गाय नमः।
ॐ सर्वविदे नमः।

ॐ धन्विने नमः।
ॐ खण्डलाय नमः।
ॐ शर्वाय नमः।
ॐ ईश्वराय नमः।
ॐ फलभुजे नमः।
ॐ फलहस्ताय नमः।
ॐ सर्वकर्मफलप्रदाय नमः।
ॐ धर्माध्यक्षाय नमः।
ॐ धर्मपालाय नमः।
ॐ धर्माय नमः।
ॐ धर्मप्रदाय नमः।
ॐ अर्थदाय नमः।
ॐ पञ्चविंशतितत्त्वज्ञाय नमः।
ॐ तारकाय नमः।
ॐ ब्रह्मतत्पराय नमः।
ॐ त्रिमार्गवसतये नमः।
ॐ भीमाय नमः।
ॐ सर्वदुःखनिबर्हणाय नमः।
ॐ ऊर्जस्वते नमः।
ॐ निष्कलाय नमः।
ॐ शूलिने नमः।
ॐ मौलिने नमः।
ॐ गर्जन्निशाचराय नमः।
ॐ रक्ताम्बरधराय नमः
ॐ रक्ताय नमः।
ॐ रक्तमाल्याय नमः।
ॐ विभूषणाय नमः।
ॐ वनमालिने नमः
ॐ शुभाङ्गाय नमः।
ॐ श्वेताय नमः।

ॐ श्वेताम्बराय नमः।

ॐ यूने नमः।

ॐ जयाय नमः।

ॐ अजयपरीवाराय नमः।

ॐ सहस्रवदनाय नमः।

ॐ कपये नमः।

ॐ शाकिनीडाकिनीयक्षरक्षोभूतप्रभञ्जकाय नमः।

ॐ सद्योजाताय नमः।

ॐ कामगतये नमः।

ॐ ज्ञानमूर्तये नमः।

ॐ यशस्कराय नमः।

ॐ शम्भुतेजसे नमः।

ॐ सार्वभौमाय नमः।

ॐ विष्णुभक्ताय नमः।

ॐ प्लवङ्गमाय नमः।

ॐ चतुर्नवतिमन्त्रज्ञाय नमः।

ॐ पौलस्त्यबलदर्पघ्ने नमः।

ॐ सर्वलक्ष्मीप्रदाय नमः।

ॐ श्रीमते नमः।

ॐ अङ्गदप्रियाय नमः।

ॐ ईडिताय नमः।

ॐ स्मृतिबीजाय नमः।

ॐ सुरेशानाय नमः।

999) ॐ संसारभयनाशनाय नमः।

1000) ॐ उत्तमाय नमः।

Enter Caption

2

श्री विष्णु सहस्त्रनाम

श्रीविष्णु सहस्त्रनाम स्तोत्रम एक संस्कृत भजन है जिसमें भगवान श्रीविष्णु के 1,000 पावन नामों की सूची है |

शान्ताकारं भुजगशयनं पद्मनाभं सुरेशं,
विश्वाधारं गगनसदृशं मेघवर्ण शुभाङ्गम्।
लक्ष्मीकान्तं कमलनयनं योगिभिर्ध्यानगम्यम्,
वन्दे विष्णुं भवभयहरं सर्वलोकैकनाथम्।

अथ श्रीविष्णुसहस्त्रनामस्तोत्रम्

यस्य स्मरणमात्रेण जन्मसंसारबन्धनात्।
विमुच्यते नमस्तस्मै विष्णवे प्रभविष्णवे ॥
नमः समस्तभूतानामादिभूताय भुभ्रते।
अनेकरूपरूपाय विष्णवे प्रभविष्णवे ॥

वैशम्पायन उवाच

श्रुत्वा धर्मानशेषेण पावनानि च सर्वशः । युधिष्ठिरः शान्तनवं पुनरेवाभ्यभाषत ॥१।

युधिष्ठिर उवाच

किमेकं दैवतं लोके किं वाप्येकं परायणम् ।
स्तुवन्तः कं कमर्चन्तः प्राप्नुयुर्मानवाः शुभम् ॥ २ ॥
को धर्मः सर्वधर्माणां भवतः परमो मतः । किं जपन्मुच्यते
जन्तुर्जन्मसंसारबन्धनात् ॥३॥

भीष्म उवाच

जगत्प्रभुं देवदेवमनन्तं पुरुषोत्तमम् । स्तुवन्नामसहस्त्रेण पुरुषः
सततोत्थितः ॥४ ॥
तमेव चार्चयन्नित्यं भक्त्या पुरुषमव्ययम् ।
ध्यायन्स्तुवन्नमस्यंश्च यजमानस्तमेव च ॥5
अनादिनिधनं विष्णुं सर्वलोकमहेश्वरम् । लोकाध्यक्षं स्तुवन्नित्यं
सर्वदुःखातिगो भवेत् ॥६॥
ब्रह्मण्यं सर्वधर्मज्ञं लोकानां कीर्तिवर्धनम् । लोकनाथं महद्भूतं
सर्वभूतभवोद्भवम् ॥ ७ ॥
एष मे सर्वधर्माणां धर्मोऽधिकतमो मतः । यद्भक्त्या पुण्डरीकाक्षं
स्तवैरर्चेन्नरः सदा ॥ ८ ॥
परमं यो महत्तेजः परमं यो महत्तपः । परमं यो महद्ब्रह्म परमं यः
परायणम् ॥ ९ ॥
पवित्राणां पवित्रं यो मङ्गलानां च मङ्गलम् ।
दैवतं देवतानां च भूतानां योऽव्ययः पिता ॥ १० ॥
यतः सर्वाणि भूतानि भवन्त्यादियुगागमे । यस्मिंश्च प्रलयं यान्ति
पुनरेव युगक्षये ॥११॥
तस्य लोकप्रधानस्य जगन्नाथस्य भूपते । विष्णोर्नामसहस्त्रं मे
शृणु पापभयापहम् ॥ १२ ॥

यानि नामानि गौणानि विख्यातानि महात्मनः । ऋषिभिः
परिगीतानि तानि वक्ष्यामि भूतये ॥ १३ ॥

ॐ विश्वं विष्णुर्वषट्कारो भूतभव्यभवत्प्रभुः । भूतकृद्भूतभृद्भावो
भूतात्मा भूतभावनः ॥१४ ॥

पूतात्मा परमात्मा च मुक्तानां परमा गतिः । अव्ययः पुरुषः साक्षी
क्षेत्रज्ञोऽक्षर एव च ॥ १५ ॥

योगो योगविदां नेता प्रधानपुरुषेश्वरः । नारसिंहवपुः श्रीमान्केशवः
पुरुषोत्तमः ॥१६ ॥

सर्वः शर्वः शिवः स्थाणुर्भूतादिर्निधिरव्ययः ।सम्भवो भावनो भर्ता
प्रभवः प्रभुरीश्वरः ॥ १७ ॥

स्वयम्भूः शम्भुरादित्यः पुष्कराक्षो महास्वनः । अनादिनिधनो
धाता विधाता धातुरुत्तमः ॥१८ ॥

अप्रमेयो हृषीकेशः पद्मनाभोऽमरप्रभुः । विश्वकर्मा मनुस्त्वष्टा
स्थविष्ठः स्थविरो ध्रुवः ॥ १ ९ ॥

अग्राह्यः शाश्वतः कृष्णो लोहिताक्षः प्रतर्दनः । प्रभूतस्त्रिककुब्धाम
पवित्रं मङ्गलं परम् ॥२० ॥

ईशानः प्राणदः प्राणो ज्येष्ठः श्रेष्ठः प्रजापतिः । हिरण्यगर्भो भूगर्भो
माधवो मधुसूदनः ॥ २१ ॥

ईश्वरो विक्रमी धन्वी मेधावी विक्रमः क्रमः । अनुत्तमो दुराधर्षः
कृतज्ञःकृतिरात्मवान् ॥२२ ॥

सुरेशः शरणं शर्म विश्वरेताः प्रजाभवः । अहः संवत्सरो व्यालः
प्रत्ययः सर्वदर्शनः ॥ २३ ॥

अजः सर्वेश्वरः सिद्धः सिद्धिः सर्वादिरच्युतः । वृषाकपिरमेयात्मा
सर्वयोगविनिःसृतः ॥ २४ ॥

वसुर्वसुमनाः सत्यः समात्मा सम्मितः समः । अमोघः पुण्डरीकाक्षो
वृषकर्मा वृषाकृतिः ॥ २५ ॥

रुद्रो बहुशिरा बभ्रुर्विश्वयोनिः शुचिश्रवाः । अमृतः शाश्वतः
स्थाणुर्वरारोहो महातपाः ॥ २६ ॥

सर्वगः सर्वविद्भानुर्विष्वक्सेनो जनार्दनः । वेदो वेदविदव्यङ्गो
वेदाङ्गो वेदवित्कविः ॥२७ ॥

लोकाध्यक्षः सुराध्यक्षो धर्माध्यक्षः कृताकृतः । चतुरात्मा
चतुर्व्यूहश्चतुर्दंष्ट्रश्चतुर्भुजः ॥ २८ ॥

भ्राजिष्णुर्भोजनं भोक्ता सहिष्णुर्जगदादिजः । अनघो विजयो जेता
विश्वयोनिः पुनर्वसुः ॥ २ ९ ॥

उपेन्द्रो वामनः प्रांशुरमोघः शुचिरूर्जितः । अतीन्द्रः संग्रहः सर्गो
धृतात्मा नियमो यमः ॥ ३० ॥

वेद्यो वैद्यः सदायोगी वीरहा माधवो मधुः । अतीन्द्रियो महामायो
महोत्साहो महाबलः ॥ ३१ ॥

महाबुद्धिर्महावीर्यो महाशक्तिर्महाद्युतिः । अनिर्देश्यवपुः
श्रीमानमेयात्मा महाद्रिधृक् ॥ ३२ ॥

महेष्वासो महीभर्ता श्रीनिवासः सतां गतिः । अनिरुद्धः सुरानन्दो
गोविन्दो गोविदां पतिः ॥3 ३ ॥

मरीचिर्दमनो हंसः सुपर्णो भुजगोत्तमः । हिरण्यनाभः सुतपाः
पद्मनाभः प्रजापतिः ॥ ३४ ॥

अमृत्युः सर्वदृक् सिंहः सन्धाता सन्धिमान्स्थिरः । अजो दुर्मर्षणः
शास्ता विश्रुतात्मा सुरारिहा ॥ ३५ ॥

गुरुर्गुरुतमो धाम सत्यः सत्यपराक्रमः । निमिषोऽनिमिषः स्रग्वी
वाचस्पतिरुदारधीः ॥ ३६ ॥

अग्रणीग्रमणीः श्रीमान्न्यायो नेता समीरणः । सहस्रमूर्धा विश्वात्मा
सहस्राक्षः सहस्रपात् ॥३७॥

आवर्तनो निवृत्तात्मा संवृतः सम्प्रमर्दनः । अहः संवर्तको
वह्निरनिलो धरणीधरः ॥ ३८ ॥

सुप्रसादः प्रसन्नात्मा विश्वधृग्विश्वभुग्विभुः । सत्कर्ता सत्कृतः
साधुर्जह्नुर्नारायणो नरः ॥३९॥

असंख्येयोऽप्रमेयात्मा विशिष्टः शिष्टकृच्छुचिः । सिद्धार्थः
सिद्धसंकल्पः सिद्धिदः सिद्धिसाधनः ॥४०॥

वृषाही वृषभो विष्णुर्वृषपर्वा वृषोदरः । वर्धनो वर्धमानश्च विविक्तः
श्रुतिसागरः ॥ ४१ ॥

सुभुजो दुर्धरो वाग्मी महेन्द्रो वसुदो वसुः । नैकरूपो बृहद्रूपः
शिपिविष्टः प्रकाशनः ॥ ४२ ॥

ओजस्तेजोद्युतिधरः प्रकाशात्मा प्रतापनः । ऋद्धः स्पष्टाक्षरो
मन्त्रश्चन्द्रांशुर्भास्करद्युतिः ॥ ४३ ॥

अमृतांशूद्भवो भानुः शशबिन्दुः सुरेश्वरः । औषधं जगतः सेतुः
सत्यधर्मपराक्रमः ॥४४ ॥

भूतभव्यभवन्नाथः पवनः पावनोऽनलः । कामहा कामकृत्कान्तः
कामः कामप्रदः प्रभुः ॥ ४५ ॥

युगादिकृद्युगावर्तो नैकमायो महाशनः । अदृश्योऽव्यक्तरूपश्च
सहस्रजिदनन्तजित् ॥ ४६ ॥

इष्टोऽविशिष्टः शिष्टेष्टः शिखण्डी नहुषो वृषः । क्रोधहा
क्रोधकृत्कर्ता विश्वबाहुर्महीधरः ॥४७ ॥

अच्युतः प्रथितः प्राणः प्राणदो वासवानुजः ।
अपां निधिरधिष्ठानमप्रमत्तः प्रतिष्ठितः ॥ ४८ ॥

स्कन्दः स्कन्दधरो धुर्यो वरदो वायुवाहनः ।
वासुदेवो बृहद्भानुरादिदेवः पुरन्दरः ॥ ४ ९ ॥

अशोकस्तारणस्तारः शूरः शौरिर्जनेश्वरः ।
अनुकूलः शतावर्तः पद्मी पद्मनिभेक्षणः ॥ ५० ॥

पद्मनाभोऽरविन्दाक्षः पद्मगर्भः शरीरभृत् ।
महर्द्धिर्ऋद्धो वृद्धात्मा महाक्षो गरुडध्वजः ॥५१ ॥

अतुलः शरभो भीमः समयज्ञो हविर्हरिः ।
सर्वलक्षणलक्षण्यो लक्ष्मीवान्समितिञ्जयः ॥५२ ॥

विक्षरो रोहितो मार्गो हेतुर्दामोदरः सहः ।
महीधरो महाभागो वेगवानमिताशनः ॥ ५३ ॥

उद्भवः क्षोभणो देवः श्रीगर्भः परमेश्वरः ।
करणं कारणं कर्ता विकर्ता गहनो गुहः ॥ ५४ ॥

व्यवसायो व्यवस्थानः संस्थानः स्थानदो ध्रुवः । परर्दिधः
परमस्पष्टस्तुष्टः पुष्टः शुभेक्षणः ॥५५ ॥

रामो विरामो विरजो मार्गो नेयो नयोऽनयः । वीरः शक्तिमतां श्रेष्ठो
धर्मो धर्मविदुत्तमः ॥५६ ॥

वैकुण्ठः पुरुषः प्राणः प्राणदः प्रणवः पृथुः । हिरण्यगर्भः शत्रुघ्नो
व्याप्तो वायुरधोक्षजः ॥५७ ॥

ऋतुः सुदर्शनः कालः परमेष्ठी परिग्रहः । उग्रः संवत्सरो दक्षो
विश्रामो विश्वदक्षिणः ॥ ५८ ॥
विस्तार : स्थावरस्थाणुः प्रमाणं बीजमव्ययम् । अर्थोऽनर्थो
महाकोशो महाभोगो महाधनः ॥ ५९ ॥
अनिर्विण्णः स्थविष्ठोऽभूर्धर्मयूपो महामखः । नक्षत्रनेमिर्नक्षत्री
क्षमः क्षाम : समीहनः ॥ ६० ॥
यज्ञ इज्यो महेज्यश्च क्रतुः सत्रं सतां गतिः । सर्वदर्शी विमुक्तात्मा
सर्वज्ञो ज्ञानमुत्तमम् ॥ ६१ ॥
सुव्रतः सुमुखः सूक्ष्मः सुघोषः सुखदः सुहृत् । मनोहरो जितक्रोधो
वीरबाहुर्विदारणः ॥ ६२ ॥
स्वापन : स्ववशो व्यापी नैकात्मा नैककर्मकृत् । वत्सरो वत्सलो
वत्सी रत्नगर्भो धनेश्वरः ॥ ६३ ॥
धर्मगुब्धर्मकृद्धर्मी सदसत्क्षरमक्षरम् ।
अविज्ञाता सहस्रांशुर्विधाता कृतलक्षणः ॥६४ ॥
गभस्तिनेमिः सत्त्वस्थः सिंहो भूतमहेश्वरः ।
आदिदेवो महादेवो देवेशो देवभृद्गुरुः ॥ ६५ ॥
उत्तरो गोपतिर्गोप्ता ज्ञानगम्यः पुरातनः ।
शरीरभूतभृद्धोक्ता कपीन्द्रो भूरिदक्षिणः ॥ ६६ ॥
सोमपोऽमृतपः सोमः पुरुजित्पुरुसत्तमः ।
विनयो जयः सत्यसंधो दाशार्हः सात्वतां पतिः ॥ ६७ ॥
जीवो विनयिता साक्षी मुकुन्दोऽमितविक्रमः ।
अम्भोनिधिरनन्तात्मा महोदधिशयोऽन्तकः ॥ ६८ ॥
अजो महार्हः स्वाभाव्यो जितामित्रः प्रमोदनः ।
आनन्दो नन्दनो नन्दः सत्यधर्मा त्रिविक्रमः ॥६ ९ ॥
महर्षिः कपिलाचार्यः कृतज्ञो मेदिनीपतिः ।
त्रिपदस्त्रिदशाध्यक्षो महाशृङ्गः कृतान्तकृत् ॥ ७० ॥
महावराहो गोविन्दः सुषेणः कनकाङ्गदी । गुह्यो गभीरो गहनो
गुप्तश्चक्रगदाधरः ॥७१ ॥
वेधाः स्वाङ्गोऽजितः कृष्णो दृढः संकर्षणोऽच्युतः । वरुणो वारुणो
वृक्षः पुष्कराक्षो महामनाः ॥७२ ॥

भगवान् भगहानन्दी वनमाली हलायुधः । आदित्यो ज्योतिरादित्यः
सहिष्णुर्गतिसत्तमः ॥ ७३ ॥

सुधन्वा खण्डपरशुर्दारुणो द्रविणप्रदः । दिविस्पृक्सर्वदृग्व्यासो
वाचस्पतिरयोनिजः ॥७४ ॥

त्रिसामा सामग : साम निर्वाणं भेषजं भिषक् । संन्यासकृच्छमः
शान्तो निष्ठा शान्तिः परायणम् ॥ ७५ ॥

शुभाङ्गः शान्तिदः स्रष्टा कुमुदः कुवलेशयः । गोहितो गोपतिर्गोप्ता
वृषभाक्षो वृषप्रियः ॥७६ ॥

अनिवर्ती निवृत्तात्मा संक्षेप्ता क्षेमकृच्छिवः । श्रीवत्सवक्षाः श्रीवासः
श्रीपतिः श्रीमतां वरः ॥ ७७ ॥

श्रीदः श्रीशः श्रीनिवासः श्रीनिधिः श्रीविभावनः ।
श्रीधरः श्रीकरः श्रेयः श्रीमाँल्लोकत्रयाश्रयः ॥ ७८ ॥

स्वक्षः स्वङ्गः शतानन्दो नन्दिज्र्योतिर्गणेश्वरः ।
विजितात्मा विधेयात्मा सत्कीर्तिश्छिन्नसंशयः ॥ ७९ ॥

उदीर्णः सर्वतश्चक्षुरनीशः शाश्वतस्थिरः ।
भूशयो भूषणो भूतिर्विशोकः शोकनाशनः ॥ ८० ॥

अर्चिष्मानर्चितः कुम्भो विशुद्धात्मा विशोधनः ।
अनिरुद्धोऽप्रतिरथः प्रद्युम्नोऽमितविक्रमः ॥ ८१ ॥

कालनेमिनिहा वीरः शौरिः शूरजनेश्वरः ।
त्रिलोकात्मा त्रिलोकेशः केशवः केशिहा हरिः ॥ ८२ ॥

कामदेवःकामपालः कामी कान्तः कृतागमः ।
अनिर्देश्यवपुर्विष्णुर्वीरोऽनन्तोधनञ्जयः ॥८३ ॥

ब्रह्मण्यो ब्रह्मकृद्ब्रह्मा ब्रह्म ब्रह्मविवर्धनः ।
ब्रह्मविद्ब्राह्मणो ब्रह्मी ब्रह्मज्ञो ब्राह्मणप्रियः ॥ ८४ ॥

महाक्रमो महाकर्मा महातेजा महोरगः । महाक्रतुर्महायज्वा
महायज्ञो महाहविः ॥ ८५ ॥

स्तव्यः स्तवप्रियः स्तोत्रं स्तुतिः स्तोता रणप्रियः ।
पूर्णः पूरयिता पुण्यः पुण्यकीर्तिरनामयः ॥ ८६ ॥

मनोजवस्तीर्थकरो वसुरेता वसुप्रदः । वसुप्रदो वासुदेवो वसुर्वसुमना
हविः ॥८७॥

सद्गतिः सत्कृतिः सत्ता सद्भूतिः सत्परायणः । शूरसेनो यदुश्रेष्ठः
सन्निवासः सुयामुनः ॥ ८८ ॥

भूतावासो वासुदेवः सर्वासुनिलयोऽनलः ।
दर्पहा दर्पदो दृप्तो दुर्धरोऽथापराजितः ॥ ८९ ॥

विश्वमूर्तिर्महामूर्तिर्दीप्तमूर्तिरमूर्तिमान् ।
अनेकमूर्तिरव्यक्तः शतमूर्तिः शतananनः ॥९०॥

एको नैकः सवः कः किं यत्तत्पदमनुत्तमम् ।
लोकबन्धुर्लोकनाथो माधवो भक्तवत्सलः ॥ ९१ ॥

सुवर्णवर्णो हेमाङ्गो वराङ्गश्चन्दनाङ्गदी । वीरहा विषमः शून्यो
घृताशीरचलश्चलः ॥९२॥

अमानी मानदो मान्यो लोकस्वामी त्रिलोकधृक् ।
सुमेधा मेधजो धन्यः सत्यमेधा धराधरः ॥९३॥

तेजोवृषो द्युतिधरः सर्वशस्त्रभृतां वरः ।
प्रग्रहो निग्रहो व्यग्रो नैकशृङ्गो गदाग्रजः ॥ ९४ ॥

चतुर्मूर्तिश्चतुर्बाहुश्चतुर्व्यूहश्चतुर्गतिः ।
चतुरात्मा चतुर्भावश्चतुर्वेदविदेकपात् ॥ ९५ ॥

समावर्तोऽनिवृत्तात्मा दुर्जयो दुरतिक्रमः ।
दुर्लभो दुर्गमो दुर्गो दुरावासो दुरारिहा ॥ ९६ ॥

शुभाङ्गो लोकसारङ्गः सुतन्तुस्तन्तुवर्धनः । इन्द्रकर्मा महाकर्मा
कृतकर्मा कृतागमः ॥ ९७ ॥

उद्भवः सुन्दरः सुन्दो रत्ननाभः सुलोचनः । अर्को वाजसनः शृङ्गी
जयन्तः सर्वविज्जयी ॥ ९८ ॥

सुवर्णबिन्दुरक्षोभ्यः सर्ववागीश्वरेश्वरः । महाह्रदो महागर्तो महाभूतो
महानिधिः ॥ ९९ ॥

कुमुदः कुन्दरः कुन्दः पर्जन्यः पावनोऽनिलः । अमृताशोऽमृतवपुः
सर्वज्ञः सर्वतोमुखः ॥ १०० ॥

सुलभः सुव्रतः सिद्धः शत्रुजिच्छत्रुतापनः ।
न्यग्रोधोदुम्बरोऽश्वत्थश्चाणूरान्ध्रनिषूदनः ॥१०१॥

सहस्रार्चिः सप्तजिह्वः सप्तैधाः सप्तवाहनः ।
अमूर्तिरनघोऽचिन्त्यो भयकृद्भयनाशनः ॥ १०२ ॥

अणुर्बृहत्कृशः स्थूलो गुणभृन्निर्गुणो महान् ।
अधृतः स्वधृतः स्वास्यः प्राग्वंशो वंशवर्धनः ॥१०३॥
भारभृत्कथितो योगी योगीशः सर्वकामदः । आश्रमः श्रमणः क्षामः
सुपर्णो वायुवाहनः ॥१०४॥
धनुर्धरो धनुर्वेदो दण्डो दमयिता दमः । अपराजितः सर्वसहो
नियन्ता नियमो यमः ॥ १०५ ॥
सत्त्ववान्सात्त्विकः सत्यः सत्यधर्मपरायणः । अभिप्रायः प्रियार्होऽर्हः
प्रियकृत्प्रीतिवर्धनः ॥ १०६ ॥
विहायसगतिर्ज्योतिः सुरुचिर्हुतभुग्विभुः । रविर्विरोचनः सूर्यः
सविता रविलोचनः ॥ १०७ ॥
अनन्तो हुतभुग्भोक्ता सुखदो नैकजोऽग्रजः ।
अनिर्विण्णः सदामर्षी लोकाधिष्ठानमद्भुतः ॥ १०८॥
सनात्सनातनतमः कपिलः कपिरप्ययः ।
स्वस्तिदःस्वस्तिकृत्स्वस्तिस्वस्तिभुक्स्वस्तिदक्षिणः ॥१०९ ॥
अरौद्रः कुण्डली चक्री विक्रम्यूर्जितशासनः । शब्दातिगः शब्दसहः
शिशिरः शर्वरीकरः ॥ ११० ॥
अक्रूरः पेशलो दक्षो दक्षिणः क्षमिणां वरः । विद्वत्तमो वीतभयः
पुण्यश्रवणकीर्तनः ॥ १११ ॥
उत्तारणो दुष्कृतिहा पुण्यो दुःस्वप्ननाशनः । वीरहा रक्षणः सन्तो
जीवनः पर्यवस्थितः ॥ ११२ ॥
अनन्तरूपोऽनन्तश्रीर्जितमन्युर्भयापहः । चतुरस्त्रो गभीरात्मा
विदिशो व्यादिशो दिशः ॥ ११३ ॥
अनादिर्भूर्भुवो लक्ष्मीः सुवीरो रुचिराङ्गदः । जननो
जनजन्मादिर्भीमो भीमपराक्रमः ॥ ११४ ॥
आधारनिलयोऽधाता पुष्पहासः प्रजागरः । ऊर्ध्वगः सत्पथाचारः
प्राणदः प्रणवः पणः ॥ ११५ ॥
प्रमाणंप्राणनिलयः प्राणभृत्प्राणजीवनः । तत्त्वं तत्त्वविदेकात्मा
जन्ममृत्युजरातिगः ॥ ११६ ॥
भूर्भुवः स्वस्तरुस्तारः सविता प्रपितामहः । यज्ञो यज्ञपतिर्यज्वा
यज्ञाङ्गो यज्ञवाहनः ॥ ११७ ॥

यज्ञभृद्यज्ञकृद्यज्ञी यज्ञभुग्यज्ञसाधनः ।
यज्ञान्तकृद्यज्ञगुह्यमन्नमन्नाद एव च ॥११८॥
आत्मयोनिः स्वयंजातो वैखानः सामगायनः । देवकीनन्दनः स्रष्टा
क्षितीशःपापनाशनः ॥ ११ ९ ॥
शङ्खभृन्नन्दकी चक्री शाङ्र्गधन्वा गदाधरः ।
रथाङ्गपाणिरक्षोभ्यः सर्वप्रहरणायुधः ॥ १२०

सर्वप्रहरणायुध ॐ नम इति ॥

इतीदं कीर्तनीयस्य केशवस्य महात्मनः । नाम्नां सहस्रं
दिव्यानामशेषेण प्रकीर्तितम् ॥ १२१ ॥
य इदं शृणुयान्नित्यं यश्चापि परिकीर्तयेत् । नाशुभं
प्राप्नुयात्किञ्चित्सोऽमुत्रेह च मानवः ॥ १२२ ॥
वेदान्तगो ब्राह्मणः स्यात्क्षत्रियो विजयी भवेत् । वैश्यो धनसमृद्धः
स्याच्छूद्रः सुखमवाप्नुयात् ॥ १२३ ॥
धर्मार्थी प्राप्नुयाद्धर्ममर्थार्थी चार्थमाप्नुयात् ।
कामानवाप्नुयात्कामी प्रजार्थी प्राप्नुयात्प्रजाम् ॥ १२४
श्रीविष्णुसहस्रनामस्तोत्रम् भक्तिमान्यः सदोत्थाय
शुचिस्तद्गतमानसः । सहस्रं वासुदेवस्य
नाम्नामेतत्प्रकीर्तयेत् ॥ १२५ ॥
यशः प्राप्नोति विपुलं ज्ञातिप्राधान्यमेव च । अचलां श्रियमाप्नोति
श्रेयः प्राप्नोत्यनुत्तमम् ॥ १२६ ॥
न भयं क्वचिदाप्नोति वीर्यं तेजश्च विन्दति । भवत्यरोगो
द्युतिमान्बलरूपगुणान्वितः ॥ १२७ ॥
रोगार्तो मुच्यते रोगाद्बद्धो मुच्येत बन्धनात् । भयान्मुच्येत
भीतस्तु मुच्येतापन्न आपदः ॥ १२८ ॥
दुर्गाण्यतितरत्याशु पुरुषः पुरुषोत्तमम् । स्तुवन्नामसहस्रेण नित्यं
भक्तिसमन्वितः ॥१२९ ॥
वासुदेवाश्रयो मर्त्यो वासुदेवपरायणः । सर्वपापविशुद्धात्मा याति
ब्रह्म सनातनम् ॥ १३० ॥

न वासुदेवभक्तानामशुभं विद्यते क्वचित् ।
जन्ममृत्युजराव्याधिभयं नैवोपजायते ॥ १३१ ॥
इमं स्तवमधीयानःश्रद्धाभक्तिसमन्वितः
युज्येतात्मसुखक्षान्तिश्रीधृतिस्मृतिकीर्तिभिः । ॥ १३२ ॥
न क्रोधो न चमात्सर्यं न लोभो नाशुभा मतिः ।
भवन्ति कृतपुण्यानां भक्तानां पुरुषोत्तमे ॥१३३ ॥
द्यौः सचन्द्रार्कनक्षत्रा खं दिशो भूर्महोदधिः । वासुदेवस्य
वीर्येणविधृतानि महात्मनः ॥ १३४ ॥
ससुरासुरगन्धर्वं सयक्षोरगराक्षसम् ।जगद्वशे वर्ततेदं कृष्णस्य
सचराचरम् ॥ १३५ ॥
इन्द्रियाणि मनो बुद्धिः सत्त्वंतेजो बलं धृतिः । वासुदेवात्मकान्याहुः
क्षेत्रं क्षेत्रज्ञ एव च ॥ १३६॥
सर्वागमानामाचारःप्रथमं परिकल्पते । आचारप्रभवो धर्मो धर्मस्य
प्रभुरच्युतः ॥१३७॥
ऋषयः पितरो देवा महाभूतानि धातवः । जङ्गमाजङ्गमं चेदं
जगन्नारायणोद्भवम्॥१३८ ॥
योगो ज्ञानं तथा सांख्यं विद्याः शिल्पादि कर्म च । वेदाः
शास्त्राणिविज्ञानमेतत्सर्वं जनार्दनात् ॥ १३९
एको विष्णुर्महद्भूतं पृथग्भूतान्यनेकशः ।
त्रींल्लोकान्व्याप्य भूतात्मा भुङ्क्ते विश्वभुगव्ययः ॥ १४० ॥
इमं स्तवं भगवतोविष्णोर्व्यासेन कीर्तितम् । पठेद्य इच्छेत्पुरुषः
श्रेयः प्राप्तुं सुखानि च ॥ १४१ ॥
विश्वेश्वरमजं देवं जगतः प्रभवाप्ययम् । भजन्ति ये पुष्कराक्षं न ते
यान्ति पराभवम् ॥१४२ ॥
ॐ तत्सदिति श्रीमहाभारते शतसाहस्त्रयां संहितायां
वैयासिक्यामानुशासनिके
पर्वणि भीष्मयुधिष्ठिरसंवादे श्रीविष्णोर्दिव्यसहस्रनामस्तोत्रम् ॥

हरिः ॐ तत्सत् ! हरि

ॐ तत्सत् !! हरिः ॐ तत्सत् !!!

3

द्वादस नाम नामावली

- सुबह स्नान आदि से निवृत होकर भगवान की प्रतिमा या तस्वीर के सामने पूर्व या उत्तर की तरफ़ मुख रखकर स्वच्छ आसन पर बैठ जाये।
- इसके बाद दीपक जलाकर चंदन, पुष्प, धूप-दीप और नैवेध द्वारा पूजन करे, फ़िर इस द्वादश नामों के मंत्रोच्चार के साथ दूर्वा चढ़ाकर अपनी समस्या के निवारण के लिए प्रसन्न करें।
- इस प्रकार श्द्वादश नाम \स्तोत्र का पाठ करने से आपकी हर समस्या का समाधान हो सकता है और जीवन में सुख-समृद्िध बनी रहती है।

हनुमान

ॐ श्री हनुमते नमः।

ॐ अञ्जनी सुताय नमः।
ॐ वायुपुत्राय नमः।
ॐ महाबलाय नमः।
ॐ रामेष्ठाय नमः।
ॐ फाल्गुण सखाय नमः।
ॐ पिंगाक्षाय नमः।
ॐ अमितविक्रमाय नमः।
ॐ उदधिक्रमणाय नमः।
ॐ सीताशोकविनाशनाय नमः।
ॐ लक्ष्मणप्राणदात्रे नमः।
ॐ दशग्रीवस्य दर्पाय नमः।
इति श्री हनुमान द्वादशनामावलिः सम्पूर्णा ॥

भोलेनाथ

ॐ सोमनाथाय नमः।

ॐ मल्लिकार्जुनाय नमः।
ॐ महाकालेश्वराय नमः।
ॐ ओम्कारेश्वराय नमः।
ॐ वैद्यनाथाय नमः।
ॐ भीमाशङ्कराय नमः।
ॐ रामेश्वराय नमः।
ॐ नागेश्वराय नमः।
ॐ विश्वनाथाय नमः।
ॐ त्र्यम्बकेश्वराय नमः।
ॐ केदारनाथाय नमः।
ॐ घृष्णेश्वराय नमः।
इति श्री शिव द्वादशनामावलिः सम्पूर्णा ॥

गणेशद्वादशनामस्तोत्रम्

श्री गणेश द्वादश नाम स्तोत्रम् में भगवान श्री गणेश के 12 नामों का वर्णन किया हैं। इन नामों का पाठ करने से मनुष्य के जीवन सबकुछ मंगल ही मंगल होने लगता है। खास तौर पर इसे बुधवार या गुरुवार के दिन अवश्य पढ़ना चाहिए।

श्रीगणेशाय नमः।।

शुक्लांम्बरधरं देवं शशिवर्णं चतुर्भुजम् ।
प्रसन्नवदनं ध्यायेत्सर्वविघ्नोपशांतये ।।1।।
अभीप्सितार्थसिद्ध्यर्थं पूजेतो यः सुरासुरैः ।
सर्वविघ्नहरस्तस्मै गणाधिपतये नमः ।।2।।
गणानामधिपश्चण्डो गजवक्त्रस्त्रिलोचनः ।
प्रसन्न भव मे नित्यं वरदातर्विनायक ।।3।।
सुमुखश्चैकदन्तश्च कपिलो गजकर्णकःलम्बोदरश्च विकटो
विघ्ननाशो विनायकः ।।4 ।।
धूम्रकेतुर्गणाध्यक्षो भालचंद्रो गजाननः।
द्वादशैतानि नामानि गणेशस्य यः पठेत् ।।5।।
विद्यार्थी लभते विद्यां धनार्थी विपुलं धनम् ।
इष्टकामं तु कामार्थी धर्मार्थीमोक्षमक्षयम् ।।6।।
विद्यारभ्मे विवाहे च प्रवेशे निर्गमे तथासंग्रामे संकटेश्चैव
विघ्नस्तस्य न जायते ।।7।।

सूर्य

सूर्य ही एक ऐसे देवता हैं जिन्हें प्रसन्न करने के लिए किसी चढ़ावे या बड़े अनुष्ठान की जरूरत नहीं पड़ती। इन्हें मात्र नमस्कार कर या जल का अर्ध्य देकर ही प्रसन्न किया जा सकता है। सूर्य को समस्त संसार को ऊर्जा प्रदान करने वाला देव भी माना जाता है। लौकिक कथाओं में

मान्यता है कि धन, सुख, समृद्धि, ऐश्वर्य और संपन्नता को पाना है तो रविवार को अर्घ्य देते समय भगवान सूर्य के 12 नामों का जाप करें। इससे भगवान प्रसन्न होते हैं और भक्त को मनचाहा वरदान देते हैं। साथ ही कुंडली या आपकी राशि में सूर्य की स्थिति बलवान होती है।सूर्य के इन 12 नामों का करें जाप

ॐ सूर्याय नमः।

ॐ मित्राय नमः।

ॐ रवये नमः।

ॐ भानवे नमः।

ॐ खगाय नमः।

ॐ पूष्णे नमः।

ॐ हिरण्यगर्भाय नमः।

ॐ मारीचाय नमः।

ॐ आदित्याय नमः।

ॐ सावित्रे नमः।

ॐ अर्काय नमः।

ॐ भास्कराय नमः।

अर्जुन

१) धनञ्जयः - धनं जयति (शत्रून् जित्वा अर्जयति) इति धनञ्जयः । सभी जनपदों को जीतकर धन सङ्ग्रह करके उस केबीच में खडा हूं, इस लिए मुझे धनञ्जय कहते हैं ॥

२) विजयः - वि-इत्युपसर्गपूर्वक-जि-धातोः कर्त्तरि भावे वा अच् = विजयः । युद्ध में उतरूंगा तो विपक्ष के मदमत्त शत्रुओंका नाश करके नहीं लौटता हूं, इस लिए मुझे विजय कहते हैं ।

३) श्वेतवाहनः - श्वेतं वाहनं यस्य सः = श्वेतवाहनः । युद्ध में लडते समय मेरे रथ पर सफेद रंग के घोडे बांधे जाते है, इस लिए मुझे श्वेतवाहन कहते हैं

४) फल्गुनः - फलति कार्यादिकम् अस्मात् इति फल्गुनः ।
फल्गुनीनक्षत्रे जातः इति वा फल्गुनः । उत्तरफल्गुनीइति अनयोः
नक्षत्रयोः मध्ये दिवा काले हिमवतः पृष्ठभागे जातः इति मुझे फल्गुन
कहते हैं

५) किरीटी - किरीटः अस्ति अस्य इति किरीटी (टिन्) । कदाचित्
दानवों के साथ युद्ध करते समय इन्द्र ने मुझे इस किरीट को बांधा ।
इस लिए मुझे किरीटी कहते हैं ।

६) बीभत्सुः - बध निन्दने इत्यस्मात् धातोः स्वार्थे सन्-प्रत्यये
ततः उ-प्रत्यये बीभत्सुः इति । अथवा भदि कल्याणे सुखे च इत्यस्मात्
धातोः सन्-प्रत्यये रूपम्, पृषोदरादित्वात् इट् न, नलोपः च । कदाचिद्
अपि य् उद्ध करते हुए बीभत्स काम न करता हूं, इस लिए मुझे बीभत्सु
कहते हैं ।

७) सव्यसाचिः - सचति सन्दधाति सव्य हाथ से (वाम हाथ से)
बाण को इति सव्यसाचिः । मेरे दाएं और बाएं हाथ दोनों से गाण्डीव को
खींचने में समर्थ हूं, इस लिए मुझे सव्यसाचि कहते हैं ।

८) अर्जुनः - अर्ज प्रतियत्ने इत्यस्मात् धातो उनन्-प्रत्यये अर्जुनः
इति । इन चारों लोकों में मेरे समान कोई नहीं है और शुद्ध काम ही
करता हूं, इस लिए मुझे अर्जुन कहते हैं ।

९) जिष्णुः - जि जये इत्यस्मात् ग्स्नु-प्रत्यये जिष्णुः इति । देव
और मनुष्यों में मेरे दमनकरनेवाला जीतनेवाला कोई नहीं है, इस लिए
मुझे जिष्णु कहते हैं

१०) कृष्णः - कृष्णः वर्णः अस्य स्ति इत् कृष्णः । अथवा कर्षति
अरीन् स्वप्रभावेन इति कृष्णः । दसवां नाम कृष्ण रखा गया मेरे पिता
जी के द्वारा क्यों कि हमेशा बाल्य से ही भगवान् कृष्ण से अनुरक्त था
इस लिए ॥

श्री राम

प्रथमं श्रीधरं विद्यादिवतीयं रघुनायकम् ।
तृतीयं रामचन्द्रं च चतुर्थं रावणान्तकम् ॥ १ ॥

पञ्चमं लोकपूज्यं च षष्ठमं जानकीपतिम् ।
सप्तमं वासुदेवं च श्रीरामं चाऽष्टमं तथा ॥ २ ॥
नवमं जलश्यामं दशमं लक्ष्मणाग्रजम् ।
एकादशं च गोविन्दं द्वादशं सेतुबन्धनम् ॥ ३ ॥
द्वादशैतानि नामानि यः पठेच्छ्रद्धयान्वितः ।
अर्धरात्रे तू द्वादश्यां कुष्ठदारिद्र्यनाशनम् ॥ ४ ॥
अरण्ये चैव सङ्ग्रामे अग्नौ भयनिवारणम् ।
ब्रह्महत्या सुरापानं गोहत्यादि निवारणम् ॥ ५ ॥
सप्तवारं पठेन्नित्यं सर्वारिष्टनिवारणम् ।
ग्रहणे च जले स्थित्वा नदीतीरे विशेषतः ।
अश्वमेधशतं पुण्यं ब्रह्मलोकं गमिष्यति ॥ ६ ॥
इति श्री स्कान्दपुराणे उत्तरखण्डे श्री उमामहेश्वरसंवादे श्री राम
द्वादशनामस्तोत्रम् ।

4

नवरात्रि नवदुर्गा

नवदुर्गा का अर्थ है, नौ दुर्गा।नवदुर्गा, माँ दुर्गा की नौ विभिन्न रूपों में अभिव्यक्ति है। नवदुर्गा की अवधारणा देवी पार्वती से उत्पन्न होती है। वैचारिक रूप से नवदुर्गा देवी पार्वती का जीवन चरण है, जिन्हें सभी देवी-देवताओं में सर्वोच्च शक्ति माना जाता है।वर्ष में सभी चार नवरात्रि के दौरान नवदुर्गा की पूजा की जाती है

Enter Caption

मां दुर्गा की अष्टोत्तरशतनामावली:-

सती, साध्वी, भवप्रीता, भवानी, भवमोचनी, आर्या, दुर्गा, जया, आद्रया, त्रिनेत्रा, शूलधारिणी, पिनाकधारिणी, चित्रा, चंद्रघंटा, महातपा, मन, बुद्धि, अहंकारा, चित्तरूपा, चिता, चिति, सर्वमंत्रमयी, सत्ता, सत्यानंदस्वरुपिणी, अनंता, भाविनी, भव्या, अभव्या, सदागति, शाम्भवी, देवमाता, चिंता, रत्नप्रिया, सर्वविद्या, दक्षकन्या, दक्षयज्ञविनाशिनी, अपर्णा, अनेकवर्णा, पाटला, पाटलावती, पट्टाम्बरपरिधाना, कलमंजरीरंजिनी, अमेयविक्रमा, क्रूरा, सुंदरी, सुरसुंदरी, वनदुर्गा, मातंगी, मतंगमुनिपूजिता, ब्राह्मी, माहेश्वरी, ऐंद्री, कौमारी, वैष्णवी, चामुंडा, वाराही, लक्ष्मी, पुरुषाकृति, विमला, उत्कर्षिनी, ज्ञाना, क्रिया, नित्या, बुद्धिदा, बहुला, बहुलप्रिया, सर्ववाहनवाहना, निशुंभशुंभहननी, महिषासुरमर्दिनी, मधुकैटभहंत्री, चंडमुंडविनाशिनी, सर्वसुरविनाशा, सर्वदानवघातिनी, सर्वशास्त्रमयी, सत्या, सर्वास्त्रधारिणी, अनेकशस्त्रहस्ता, अनेकास्त्रधारिणी, कुमारी, एककन्या, कैशोरी, युवती, यति, अप्रौढ़ा, प्रौढ़ा, वृद्धमाता, बलप्रदा, महोदरी, मुक्तकेशी, घोररूपा, महाबला, अग्निज्वाला, रौद्रमुखी, कालरात्रि, तपस्विनी, नारायणी, भद्रकाली, विष्णुमाया, जलोदरी, शिवदुती, कराली, अनंता, परमेश्वरी, कात्यायनी, सावित्री, प्रत्यक्षा और ब्रह्मावादिनी

नवरात्रि नवदुर्गा देवी सिद्धिदात्री

पसंदीदा पुष्प --- रात की रानी

मंत्र- ॐ देवी सिद्धिदात्रयै नमः॥

प्रार्थना-सिद्ध गन्धर्व यक्षाद्यैरसुरैरमरैरपि। सेव्यमाना सदा भूयात् सिद्धिदा सिद्धिदायिनी॥

स्तुति--- या देवी सर्वभूतेषु माँ सिद्धिदात्री रूपेण संस्थिता। नमस्तस्यै नमस्तस्यै नमस्तस्यै नमो नमः॥

ध्यान--

वन्दे वाञ्छित मनोरथार्थ चन्द्रार्धकृतशेखराम्।कमलस्थिताम् चतुर्भुजा सिद्धीदात्री यशस्विनीम्॥स्वर्णवर्णा निर्वाणचक्र स्थिताम् नवम् दुर्गा त्रिनेत्राम्।शङ्ख, चक्र, गदा, पद्मधरां सिद्धीदात्री भजेम्॥पटाम्बर परिधानां मृदुहास्या नानालङ्कार भूषिताम्।मञ्जीर, हार, केयूर, किङ्किणि रत्नकुण्डल मण्डिताम्॥प्रफुल्ल वन्दना पल्लवाधरां कान्त कपोला पीन पयोधराम्।कमनीयां लावण्यां श्रीणकटिं निम्ननाभि नितम्बनीम्॥

स्तोत्र—

कञ्चनाभा शङ्खचक्रगदापद्मधरा मुकुटोज्ज्वलो।स्मेरमुखी शिवपत्नी सिद्धिदात्री नमोऽस्तुते॥पटाम्बर परिधानां नानालङ्कार

भूषिताम्।नलिस्थिताम् नलनाक्षीं सिद्धीदात्री
नमोऽस्तुते॥परमानन्दमयी देवी परब्रह्म परमात्मा।परमशक्ति,
परमभक्ति, सिद्धिदात्री नमोऽस्तुते॥विश्वकर्ती, विश्वभर्ती, विश्वहर्ती,
विश्वप्रीता।विश्व वार्चिता, विश्वातीता सिद्धिदात्री
नमोऽस्तुते॥भुक्तिमुक्तिकारिणी भक्तकष्टनिवारिणी।भवसागर
तारिणी सिद्धिदात्री नमोऽस्तुते॥धर्मार्थकाम प्रदायिनी महामोह
विनाशिनी।मोक्षदायिनी सिद्धीदायिनी सिद्धिदात्री नमोऽस्तुते॥

कवच-

ॐकारः पातु शीर्षो माँ, ऐं बीजम् माँ हृदयो।

ह्रीं बीजम् सदापातु नभो गृहो च पादयो॥

ललाट कर्णो श्रीं बीजम् पातु क्लीं बीजम् माँ नेत्रम् घ्राणो।

कपोल चिबुको हसौ पातु जगत्प्रसूत्यै माँ सर्ववदनो॥

ॐ।।।।ॐ।।।।ॐ।।।।ॐ।।।।ॐ।।।।ॐ।।।।ॐ।।।।ॐ।।।।ॐ।।।।ॐ।

देवी सिद्धिदात्री

<u>*आरती*</u>

जय सिद्धिदात्री माँ तू सिद्धि की दाता।

तु भक्तों की रक्षक तू दासों की माता॥

तेरा नाम लेते ही मिलती है सिद्धि।

तेरे नाम से मन की होती है शुद्धि॥

कठिन काम सिद्ध करती हो तुम।

जभी हाथ सेवक के सिर धरती हो तुम॥

तेरी पूजा में तो ना कोई विधि है।

तू जगदम्बें दाती तू सर्व सिद्धि है॥

रविवार को तेरा सुमिरन करे जो।

तेरी मूर्ति को ही मन में धरे जो॥

तू सब काज उसके करती है पूरे।

कभी काम उसके रहे ना अधूरे॥

तुम्हारी दया और तुम्हारी यह माया।

रखे जिसके सिर पर मैया अपनी छाया॥

सर्व सिद्धि दाती वह है भाग्यशाली।

जो है तेरे दर का ही अम्बें सवाली॥

हिमाचल है पर्वत जहां वास तेरा।

महा नंदा मंदिर में है वास तेरा॥

मुझे आसरा है तुम्हारा ही माता।

भक्ति है सवाली तू जिसकी दाता॥

ॐ।।।।ॐ।।।।ॐ।।।।ॐ।।।।ॐ।।।।ॐ।।।।ॐ।।।।ॐ।।।।ॐ।।।।ॐ।

देवी सिद्धिदात्री

देवी कूष्माण्डा

<u>पसंदीदा पुष्प</u>--- लाल रंग के पुष्प

<u>मंत्र</u>---- ॐ देवी कूष्माण्डायै नमः॥

<u>प्रार्थना</u>---सुरासम्पूर्ण कलशं रुधिराप्लुतमेव च।

दधाना हस्तपद्माभ्यां कूष्माण्डा शुभदास्तु मे॥

<u>स्तुति</u>---या देवी सर्वभूतेषु माँ कूष्माण्डा रूपेणसंस्थिता।

नमस्तस्यै नमस्तस्यै नमस्तस्यै नमो नमः॥

ध्यान

वन्दे वाञ्छित कामार्थे चन्द्रार्धकृतशेखराम्।

सिंहरूढ़ा अष्टभुजा कूष्माण्डा यशस्विनीम्॥

भास्वर भानु निभाम् अनाहत स्थिताम् चतुर्थ दुर्गा त्रिनेत्राम्।

कमण्डलु, चाप, बाण, पद्म, सुधाकलश, चक्र, गदा, जपवटीधराम्॥

पटाम्बर परिधानां कमनीयां मृदुहास्या नानालङ्कार भूषिताम्।

मञ्जीर, हार, केयूर, किङ्किणि, रत्नकुण्डल, मण्डिताम्॥

प्रफुल्ल वदनांचारू चिबुकां कान्त कपोलाम् तुगम् कुचाम्।कोमलाङ्गी
स्मेरमुखी श्रीकंटि निम्ननाभि नितम्बनीम्॥

स्तोत्

दुर्गतिनाशिनी त्वंहि दरिद्रादि विनाशनीम्।जयंदा धनदा कूष्माण्डे
प्रणमाम्यहम्॥

जगतमाता जगतकत्री जगदाधार रूपणीम्।

चराचरेश्वरी कूष्माण्डे प्रणमाम्यहम्॥

त्रैलोक्यसुन्दरी त्वंहि दुःख शोक निवारिणीम्।

परमानन्दमयी, कूष्माण्डे प्रणमाम्यहम्॥

देवी कूष्माण्डा
आरती

कूष्माण्डा जय जग सुखदानी।

मुझ पर दया करो महारानी॥

पिङ्गला ज्वालामुखी निराली।

शाकम्बरी माँ भोली भाली॥

लाखों नाम निराले तेरे।

भक्त कई मतवाले तेरे॥

भीमा पर्वत पर है डेरा।

स्वीकारो प्रणाम ये मेरा॥

सबकी सुनती हो जगदम्बे।

सुख पहुँचती हो माँ अम्बे॥

तेरे दर्शन का मैं प्यासा।

पूर्ण कर दो मेरी आशा॥

माँ के मन में ममता भारी।

क्यों ना सुनेगी अरज हमारी॥

तेरे दर पर किया है डेरा।

दूर करो माँ संकट मेरा॥

मेरे कारज पूरे कर दो।

मेरे तुम भंडारे भर दो॥

तेरा दास तुझे ही ध्याए।

भक्त तेरे दर शीश झुकाए॥

Enter Caption

देवी ब्रह्मचारिणी

पसंदीदा पुष्प---चमेली

मंत्र --ॐ देवी ब्रह्मचारिण्यै नमः॥

प्रार्थना-- दधाना कर पद्माभ्यामक्षमाला कमण्डलू।

देवी प्रसीदतु मयि ब्रह्मचारिण्यनुत्तमा॥

स्तुति--या देवी सर्वभूतेषु माँ ब्रह्मचारिणी रूपेण संस्थिता।

नमस्तस्यै नमस्तस्यै नमस्तस्यै नमो नमः॥

ध्यान

वन्दे वाञ्छितलाभाय चन्द्रार्धकृतशेखराम्।

जपमाला कमण्डलु धरा ब्रह्मचारिणी शुभाम्॥

गौरवर्णा स्वाधिष्ठानस्थिता द्वितीय दुर्गा त्रिनेत्राम्।

धवल परिधाना ब्रह्मरूपा पुष्पालङ्कार भूषिताम्॥

परम वन्दना पल्लवाधरां कान्त कपोला पीन।

पयोधराम् कमनीया लावणयं स्मेरमुखी निम्ननाभि नितम्बनीम्॥

स्तोत्र

तपश्चारिणी त्वंहि तापत्रय निवारणीम्।

ब्रह्मरूपधरा ब्रह्मचारिणी प्रणमाम्यहम्॥

शङ्करप्रिया त्वंहि भुक्ति-मुक्ति दायिनी।

शान्तिदा ज्ञानदा ब्रह्मचारिणी प्रणमाम्यहम्॥

कवच

त्रिपुरा में हृदयम् पातु ललाटे पातु शङ्करभामिनी।

अर्पण सदापातु नेत्रो, अर्धरी च कपोलो॥

पञ्चदशी कण्ठे पातु मध्यदेशे पातु महेश्वरी॥

षोडशी सदापातु नाभो गृहो च पादयो।

अङ्ग प्रत्यङ्ग सतत पातु ब्रह्मचारिणी।

देवी ब्रह्मचारिणी
आरती

जय अम्बे ब्रह्मचारिणी माता।

जय चतुरानन प्रिय सुख दाता॥

ब्रह्मा जी के मन भाती हो।

ज्ञान सभी को सिखलाती हो॥

ब्रह्म मन्त्र है जाप तुम्हारा।

जिसको जपे सरल संसारा॥

जय गायत्री वेद की माता।

जो जन जिस दिन तुम्हें ध्याता॥

कमी कोई रहने ना पाए।

उसकी विरति रहे ठिकाने॥

जो तेरी महिमा को जाने।

रुद्राक्षा की माला ले कर॥

जपे जो मन्त्र श्रद्धा दे कर।

आलस छोड़ करे गुणगाना॥

माँ तुम उसको सुख पहुँचाना।

ब्रह्मचारिणी तेरो नाम॥

पूर्ण करो सब मेरे काम।

भक्त तेरे चरणों का पुजारी॥

रखना लाज मेरी महतारी।

देवी ब्रह्मचारिणी

देवी शैलपुत्री

पसंदीदा पुष्प - चमेली

मंत्र - ॐ देवी शैलपुत्र्यै नमः॥

प्रार्थना - वन्दे वाञ्छितलाभाय चन्द्रार्धकृतशेखराम्।

वृषारूढां शूलधरां शैलपुत्रीं यशस्विनीम्॥

स्तुति - या देवी सर्वभूतेषु माँ शैलपुत्री रूपेण संस्थिता। नमस्तस्यै नमस्तस्यै नमस्तस्यै नमो नमः॥

ध्यान

वन्दे वाञ्छितलाभाय चन्द्रार्धकृतशेखराम्।

वृषारूढां शूलधरां शैलपुत्रीं यशस्विनीम्

पूणेन्दु निभाम् गौरी मूलाधार स्थिताम् प्रथम दुर्गा त्रिनेत्राम्।

पटाम्बर परिधानां रत्नाकिरीटा नामालंकार भूषिता॥

प्रफुल्ल वन्दना पल्लवाधरां कान्त कपोलाम् तुगम् कुचाम्।

कमनीयां लावण्यां स्नेमुखी क्षीणमध्यां नितम्बनीम्॥

स्तोत्र

प्रथम दुर्गा त्वंहि भवसागरः तारणीम्।

धन ऐश्वर्य दायिनी शैलपुत्री प्रणमाम्यहम्॥

त्रिलोजननी त्वंहि परमानन्द प्रदीयमान्।

सौभाग्यरोग्य दायिनी शैलपुत्री प्रणमाम्यहम्॥

चराचरेश्वरी त्वंहि महामोह विनाशिनीं।

मुक्ति भुक्ति दायिनीं शैलपुत्री प्रणमाम्यहम्॥

कवच

ॐकारः में शिरः पातु मूलाधार निवासिनी।

ह्रींकारः पातु ललाटे बीजरूपा महेश्वरी॥

श्रींकार पातु वदने लावण्या महेश्वरी।

हुंकार पातु हृदयम् तारिणी शक्ति स्वघृत।

फट्कार पातु सर्वांङ्गे सर्व सिद्धि फलप्रदा॥

देवी शैलपुत्री
आरती

शैलपुत्री माँ बैल असवार।

करें देवता जय जय कार॥

शिव-शंकर की प्रिय भवानी।

तेरी महिमा किसी ने न जानी॥

पार्वती तू उमा कहलावें।

जो तुझे सुमिरे सो सुख पावें॥

रिद्धि सिद्धि परवान करें तू।

दया करें धनवान करें तू॥

सोमवार को शिव संग प्यारी।

आरती जिसने तेरी उतारी॥

उसकी सगरी आस पुजा दो।

सगरे दुःख तकलीफ मिटा दो॥

घी का सुन्दर दीप जला के।

गोला गरी का भोग लगा के॥

श्रद्धा भाव से मन्त्र जपायें।

प्रेम सहित फिर शीश झुकायें॥

जय गिरराज किशोरी अम्बे।

शिव मुख चन्द्र चकोरी अम्बे॥

मनोकामना पूर्ण कर दो।

चमन सदा सुख सम्पत्ति भर दो॥

देवी शैलपुत्री

देवी महागौरी

<u>पसंदीदा पुष्प</u> - रात की रानी

<u>मंत्र</u> - ॐ देवी महागौर्यै नमः

<u>प्रार्थना</u> - श्वेते वृषेसमारूढा श्वेताम्बरधराशुचिः

महागौरी शुभं दद्यान्महादेव प्रमोददा

<u>स्तुति</u> -या देवी सर्वभूतेषु माँ महागौरी रूपेणसंस्थिता।

नमस्तस्यै नमस्तस्यै नमस्तस्यै नमो नमः॥

ध्यान

वन्दे वाञ्छित कामार्थे चन्द्रार्धकृतशेखराम्।

सिंहारूढा चतुर्भुजा महागौरी यशस्विनीम्॥

पूर्णन्दु निभाम् गौरी सोमचक्रस्थिताम् अष्टमम् महागौरी त्रिनेत्राम्।

वराभीतिकरां त्रिशूल डमरूधरां महागौरी भजेम्॥

पटाम्बर परिधानां मृदुहास्या नानालङ्कार भूषिताम्।

मञ्जीर, हार, केयूर, किङ्किणि, रत्नकुण्डल मण्डिताम्॥

प्रफुल्ल वन्दना पल्लवाधरां कान्त कपोलाम् त्रैलोक्य मोहनम्।कमनीयां लावण्यां मृणालां चन्दन गन्धलिप्ताम्

स्तोत्र

सर्वसङ्कट हन्त्री त्वंहि धन ऐश्वर्य प्रदायनीम्।

ज्ञानदा चतुर्वेदमयी महागौरी प्रणमाम्यहम्॥

सुख शान्तिदात्री धन धान्य प्रदायनीम्।

डमरूवाद्य प्रिया अद्या महागौरी प्रणमाम्यहम्॥

त्रैलोक्यमङ्गल त्वंहि तापत्रय हारिणीम्।

वददम् चैतन्यमयी महागौरी प्रणमाम्यहम्॥

कवच

ॐकारः पातु शीर्षो माँ, ह्रीं बीजम् माँ, हृदयो।

क्लीं बीजम् सदापातु नभो गृहो च पादयो॥

ललाटम् कर्णो हुं बीजम् पातु महागौरी माँ नेत्रम् घ्राणो।

कपोत चिबुको फट् पातु स्वाहा माँ सर्ववदनो॥

जय महागौरी जगत की माया।

जय उमा भवानी जय महामाया॥

हरिद्वार कनखल के पासा।

महागौरी तेरा वहा निवास॥

चन्द्रकली और ममता अम्बे।

जय शक्ति जय जय माँ जगदम्बे॥

भीमा देवी विमला माता।

कौशिक देवी जग विख्यता॥

हिमाचल के घर गौरी रूप तेरा।

महाकाली दुर्गा है स्वरूप तेरा॥

सती (सत) हवन कुंड में था जलाया।

उसी धुएं ने रूप काली बनाया॥

बना धर्म सिंह जो सवारी में आया।

तो शंकर ने त्रिशूल अपना दिखाया॥

तभी माँ ने महागौरी नाम पाया।

शरण आनेवाले का संकट मिटाया॥

शनिवार को तेरी पूजा जो करता।

माँ बिगड़ा हुआ काम उसका सुधरता॥

भक्त बोलो तो सोच तुम क्या रहे हो।

महागौरी माँ तेरी हरदम ही जय हो॥

.देवी महागौरी

देवी चन्द्रघण्टा

<u>पसंदीदा पुष्प</u> - चमेली

<u>मंत्र</u> - ॐ देवी चन्द्रघण्टायै नमः

<u>प्रार्थना</u> - पिण्डज प्रवरारूढा चण्डकोपास्त्रकैर्युता।

प्रसादं तनुते मह्यम् चन्द्रघण्टेति विश्रुता

<u>स्तुति</u>-

या देवी सर्वभूतेषु माँ चन्द्रघण्टा रूपेण संस्थिता। नमस्तस्यै नमस्तस्यै नमस्तस्यै नमो नमः॥

ध्यान

वन्दे वाञ्छितलाभाय चन्द्रार्धकृतशेखराम्।

सिंहारूढा चन्द्रघण्टा यशस्विनीम्॥

मणिपुर स्थिताम् तृतीय दुर्गा त्रिनेत्राम्।

खड्ग, गदा, त्रिशूल, चापशर, पद्म कमण्डलु माला वराभीतकराम्॥

पटाम्बर परिधानां मृदुहास्या नानालङ्कार भूषिताम्।

मञ्जीर, हार, केयूर, किङ्किणि, रत्नकुण्डल मण्डिताम्॥

प्रफुल्ल वन्दना बिंबाधारा कान्त कपोलाम् तुगम् कुचाम्।

कमनीयां लावण्यां क्षीणकटि नितम्बनीम्॥

स्तोत्र

आपदुध्दारिणी त्वंहि आद्या शक्तिः शुभपराम्।

अणिमादि सिद्धिदात्री चन्द्रघण्टे प्रणमाम्यहम्॥

चन्द्रमुखी इष्ट दात्री इष्टम् मन्त्र स्वरूपिणीम्।

धनदात्री, आनन्ददात्री चन्द्रघण्टे प्रणमाम्यहम्॥

नानारूपधारिणी इच्छामयी ऐश्वर्यदायिनीम्।

सौभाग्यारोग्यदायिनी चन्द्रघण्टे प्रणमाम्यहम्॥

कवच

रहस्यम् शृणु वक्ष्यामि शैवेशी कमलानने।

श्री चन्द्रघण्टास्य कवचम् सर्वसिद्धिदायकम्॥

बिना न्यासम् बिना विनियोगम् बिना शापोध्दा बिना होमम्।

स्नानम् शौचादि नास्ति श्रद्धामात्रेण सिद्धिदाम्॥कुशिष्याम् कुटिलाय वञ्चकाय निन्दकाय च।

न दातव्यम् न दातव्यम् न दातव्यम् कदाचितम्॥

.देवी चन्द्रघण्टा
आरती

जय माँ चन्द्रघण्टा सुख धाम।

पूर्ण कीजो मेरे काम॥

चन्द्र समाज तू शीतल दाती।

चन्द्र तेज किरणों में समाती॥

मन की मालक मन भाती हो।

चन्द्रघण्टा तुम वर दाती हो॥

सुन्दर भाव को लाने वाली।

हर संकट में बचाने वाली॥

हर बुधवार को तुझे ध्याये।

श्रद्दा सहित तो विनय सुनाए॥

मूर्ति चन्द्र आकार बनाए।

शीश झुका कहे मन की बाता॥

पूर्ण आस करो जगत दाता।

कांचीपुर स्थान तुम्हारा॥

कर्नाटिका में मान तुम्हारा।

नामनी तेरा रटू महारानी॥

भक्त की रक्षा करो भवानी

.देवी चन्द्रघण्टा

देवी स्कन्दमाता

<u>पसंदीदा पुष्प</u> - लाल रंग के

<u>मंत्र</u> - ॐ देवी स्कन्दमातायै नमः

<u>प्रार्थना</u>सिंहासनगता नित्यं पद्माञ्चित करद्वया।

शुभदास्तु सदा देवी स्कन्दमाता यशस्विनी॥

<u>स्तुति</u> - या देवी सर्वभूतेषु माँ स्कन्दमाता रूपेणसंस्थिता।

नमस्तस्यै नमस्तस्यै नमस्तस्यै नमो नमः॥

<u>ध्यान</u>

वन्दे वाञ्छित कामार्थ चन्द्रार्धकृतशेखराम्।

सिंहरूढ़ा चतुर्भुजा स्कन्दमाता यशस्विनीम्॥

धवलवर्णा विशुध्द चक्रस्थितों पञ्चम दुर्गा त्रिनेत्राम्।

अभय पद्म युग्म करां दक्षिण उरू पुत्रधराम् भजेम्॥

पटाम्बर परिधानां मृदुहास्या नानालङ्कार भूषिताम्।

मञ्जीर, हार, केयूर, किङ्किणि, रत्नकुण्डल धारिणीम्॥

प्रफुल्ल वन्दना पल्लवाधरां कान्त कपोलाम् पीन पयोधराम्।

कमनीयां लावण्यां चारू त्रिवली नितम्बनीम्॥

कवच

ऐं बीजालिंका देवी पदयुग्मधरापरा।हृदयम् पातु सा देवी कार्तिकेययुता॥

श्री ह्रीं हुं ऐं देवी पर्वस्या पातु सर्वदा।सर्वाङ्ग में सदा पातु स्कन्दमाता पुत्रप्रदा॥

वाणवाणामृते हुं फट् बीज समन्विता।उत्तरस्या तथाग्ने च वारुणे नैर्ऋतेअवतु॥

इन्द्राणी भैरवी चैवासिताङ्गी च संहारिणी।सर्वदा पातु मां देवी चान्यान्यासु हि दिक्षु वै॥

स्तोत्र

नमामि स्कन्दमाता स्कन्दधारिणीम्।

समग्रतत्त्वसागरम् पारपारगहराम्॥

शिवाप्रभा समुज्वलां स्फुच्छशागशेखराम्।

ललाटरत्नभास्करां जगत्प्रदीप्ति भास्कराम्॥

महेन्द्रकश्यपार्चितां सनत्कुमार संस्तुताम्।

सुरासुरेन्द्रवन्दिता यथार्थनिर्मलाद्भुताम्॥

अतर्क्यरोचिरूविजां विकार दोषवर्जिताम्।

मुमुक्षुभिर्विचिन्तितां विशेषतत्त्वमुचिताम्॥

नानालङ्कार भूषिताम् मृगेन्द्रवाहनाग्रजाम्।

सुशुध्दतत्त्वतोषणां त्रिवेदमार भूषणाम्॥

सुधार्मिकौपकारिणी सुरेन्द्र वैरिघातिनीम्।

शुभां पुष्पमालिनीं सुवर्णकल्पशाखिनीम्तमोऽन्धकारयामिर्नीं
शिवस्वभावकामिनीम्।

सहस्रसूर्यराजिकां धनज्जयोग्रकारिकाम्॥

सुशुध्द काल कन्दला सुभृडवृन्दमज्जुलाम्।

प्रजायिनी प्रजावति नमामि मातरम् सतीम्॥

स्वकर्मकारणे गतिं हरिप्रयाच पार्वतीम्।

अनन्तशक्ति कान्तिदां यशोअर्थभुक्तिमुक्तिदाम्॥

पुनः पुनर्जगद्धितां नमाम्यहम् सुरार्चिताम्।

जयेश्वरि त्रिलोचने प्रसीद देवी पाहिमाम्॥

देवी स्कन्दमाता

आरती

जय तेरी हो स्कन्द माता।

पांचवां नाम तुम्हारा आता॥

सबके मन की जानन हारी।

जग जननी सबकी महतारी॥

तेरी जोत जलाता रहूं मैं।

हरदम तुझे ध्याता रहूं मैं॥

कई नामों से तुझे पुकारा।

मुझे एक है तेरा सहारा॥

कही पहाड़ों पर है डेरा।

कई शहरों में तेरा बसेरा॥

हर मन्दिर में तेरे नजारे।

गुण गाए तेरे भक्त प्यारे॥

भक्ति अपनी मुझे दिला दो।

शक्ति मेरी बिगड़ी बना दो॥

इन्द्र आदि देवता मिल सारे।

करे पुकार तुम्हारे द्वारे॥

दुष्ट दैत्य जब चढ़ कर आए।

तू ही खण्ड हाथ उठाए॥

दासों को सदा बचाने आयी।

भक्त की आस पुजाने आयी॥

देवी स्कन्दमाता

देवी कात्यायनी

<u>पसंदीदा पुष्प</u> - लाल रंग के पुष्प मुख्यतः गुलाब

<u>मंत्र</u> - ॐ देवी कात्यायन्यै नमः॥

<u>प्रार्थना</u>- चन्द्रहासोज्ज्वलकराशार्दूलवरवाहना।

कात्यायनी शुभं दद्याद् देवी दानवघातिनी॥

<u>स्तुति</u>-

या देवी सर्वभूतेषु माँ कात्यायनी रूपेण संस्थिता।

नमस्तस्यै नमस्तस्यै नमस्तस्यै नमो नमः॥

ध्यान

वन्दे वाञ्छित मनोरथार्थ चन्द्रार्धकृतशेखराम्।

सिंहारूढा चतुर्भुजा कात्यायनी यशस्विनीम्॥

स्वर्णवर्णा आज्ञाचक्र स्थिताम् षष्ठम दुर्गा त्रिनेत्राम्।

वराभीत करां षगपदधरां कात्यायनसुतां भजामि॥

पटाम्बर परिधानां स्मेरमुखी नानालङ्कार भूषिताम्।मञ्जीर, हार, केयूर, किङ्किणि, रत्नकुण्डल मण्डिताम्॥

प्रसन्नवदना पल्लवाधरां कान्त कपोलाम् तुगम् कुचाम्।

कमनीयां लावण्यां त्रिवलीविभूषित निम्न नाभिम्॥

कवच

कात्यायनौमुख पातु कां स्वाहास्वरूपिणी।

ललाटे विजया पातु मालिनी नित्य सुन्दरी॥

कल्याणी हृदयम् पातु जया भगमालिनी॥

स्तोत्र

कञ्चनाभां वराभयं पद्मधरा मुकटोज्जवलां।

स्मेरमुखी शिवपत्नी कात्यायनेसुते नमोऽस्तुते॥

पटाम्बर परिधानां नानालङ्कार भूषिताम्।

सिंहस्थिताम् पद्महस्तां कात्यायनसुते नमोऽस्तुते॥

परमानन्दमयी देवी परब्रह्म परमात्मा।

परमशक्ति, परमभक्ति, कात्यायनसुते नमोऽस्तुते॥

विश्वकर्ती, विश्वभर्ती, विश्वहर्ती, विश्वप्रीता।

विश्वाचिन्ता, विश्वातीता कात्यायनसुते नमोऽस्तुते॥

कां बीजा, कां जपानन्दकां बीज जप तोषिते।

कां कां बीज जपदासक्ताकां कां सन्तुता॥

कांकारहर्षिणीकां धनदाधनमासना।

कां बीज जपकारिणीकां बीज तप मानसा॥

कां कारिणी कां मन्त्रपूजिताकां बीज धारिणी।

कां कीं कूंकै क: ठ: छ: स्वाहारूपिणी॥

देवी कात्यायनी
आरती

आरती जय जय अम्बे जय कात्यायनी।

जय जग माता जग की महारानी॥

बैजनाथ स्थान तुम्हारा।

वहावर दाती नाम पुकारा॥

कई नाम है कई धाम है।

यह स्थान भी तो सुखधाम है॥

हर मन्दिर में ज्योत तुम्हारी।

कही योगेश्वरी महिमा न्यारी॥

हर जगह उत्सव होते रहते।

हर मन्दिर में भगत है कहते॥

कत्यानी रक्षक काया की।

ग्रंथि काटे मोह माया की॥

झूठे मोह से छुडाने वाली।

अपना नाम जपाने वाली॥

बृहस्पतिवार को पूजा करिए।

ध्यान कात्यानी का धरिये॥

हर संकट को दूर करेगी।

भंडारे भरपूर करेगी॥

जो भी माँ को भक्त पुकारे।

कात्यायनी सब कष्ट निवारे॥

देवी कात्यायनी

देवी कालरात्रि

<u>पसंदीदा पुष्प</u> - रात की रानी

<u>मंत्र</u>- ॐ देवी कालरात्र्यै नमः

<u>प्रार्थना</u>–

एकवेणी जपाकर्णपूरा नग्ना खरास्थिता।लम्बोष्ठी कर्णिकाकर्णी तैलाभ्यक्त शरीरिणी॥

वामपादोल्लसल्लोह लताकण्टकभूषणा।

वर्धन मूर्धध्वजा कृष्णकालरात्रिर्भयङ्करी॥

<u>स्तुति</u> -या देवी सर्वभूतेषु माँ कालरात्रि रूपेण संस्थिता। नमस्तस्यै नमस्तस्यै नमस्तस्यै नमो नमः॥

ध्यान-

करालवन्दना घोरां मुक्तकेशी चतुर्भुजाम्।कालरात्रिम् करालिंका दिव्याम् विद्युतमाला विभूषिताम्॥

दिव्यम् लौहवज्र खड्ग वामोघोध्र्व कराम्बुजाम्।अभयम् वरदाम् चैव दक्षिणोध्वाघः पार्णिकाम् मम्॥

महामेघ प्रभाम् श्यामाम् तक्षा चैव गर्दभारूढा।घोरदंश कारालास्यां पीनोन्नत पयोधराम्॥

सुख पप्रसन्न वदना स्मेरान्न सरोरूहाम्।एवम् सचियन्तयेत्
कालरात्रिम् सर्वकाम् समृध्दिददाम्॥

स्तोत्र-

ह्रीं कालरात्रि श्रीं कराली च क्लीं कल्याणी कलावती।कालमाता
कलिदर्पध्नी कमदीश कुपान्विता॥

कामबीजजपान्दा कमबीजस्वरूपिणी।कुमतिघ्नी कुलीनर्तिनाशिनी
कुल कामिनी॥

क्लीं ह्रीं श्रीं मन्त्रवर्णेन कालकण्टकघातिनी।कृपामयी कृपाधारा
कृपापारा कृपागमा॥

कवच-

ॐ क्लीं मे हृदयम् पातु पादौ श्रीकालरात्रि।ललाटे सततम् पातु तुष्टग्रह
निवारिणी॥

रसनाम् पातु कौमारी, भैरवी चक्षुषोर्भम।कटौ पृष्ठे महेशानी,
कर्णोशङ्करभामिनी॥

वर्जितानी तु स्थानाभि यानि च कवचेन हि।तानि सर्वाणि मे
देवीसततंपातु स्तम्भिनी॥

देवी कालरात्रि
आरती

कालरात्रि जय जय महाकाली।

काल के मुंह से बचाने वाली॥

दुष्ट संघारक नाम तुम्हारा।

महाचंडी तेरा अवतारा॥

पृथ्वी और आकाश पे सारा।

महाकाली है तेरा पसारा॥

खड्ग खप्पर रखने वाली।

दुष्टों का लहू चखने वाली॥

कलकत्ता स्थान तुम्हारा।

सब जगह देखूं तेरा नजारा॥

सभी देवता सब नर-नारी।

गावें स्तुति सभी तुम्हारी॥

रक्तदन्ता और अन्नपूर्णा।

कृपा करे तो कोई भी दुःख ना॥

ना कोई चिंता रहे ना बीमारी।

ना कोई गम ना संकट भारी॥

उस पर कभी कष्ट ना आवे।

महाकाली माँ जिसे बचावे॥

तू भी भक्त प्रेम से कह।

कालरात्रि माँ तेरी जय॥

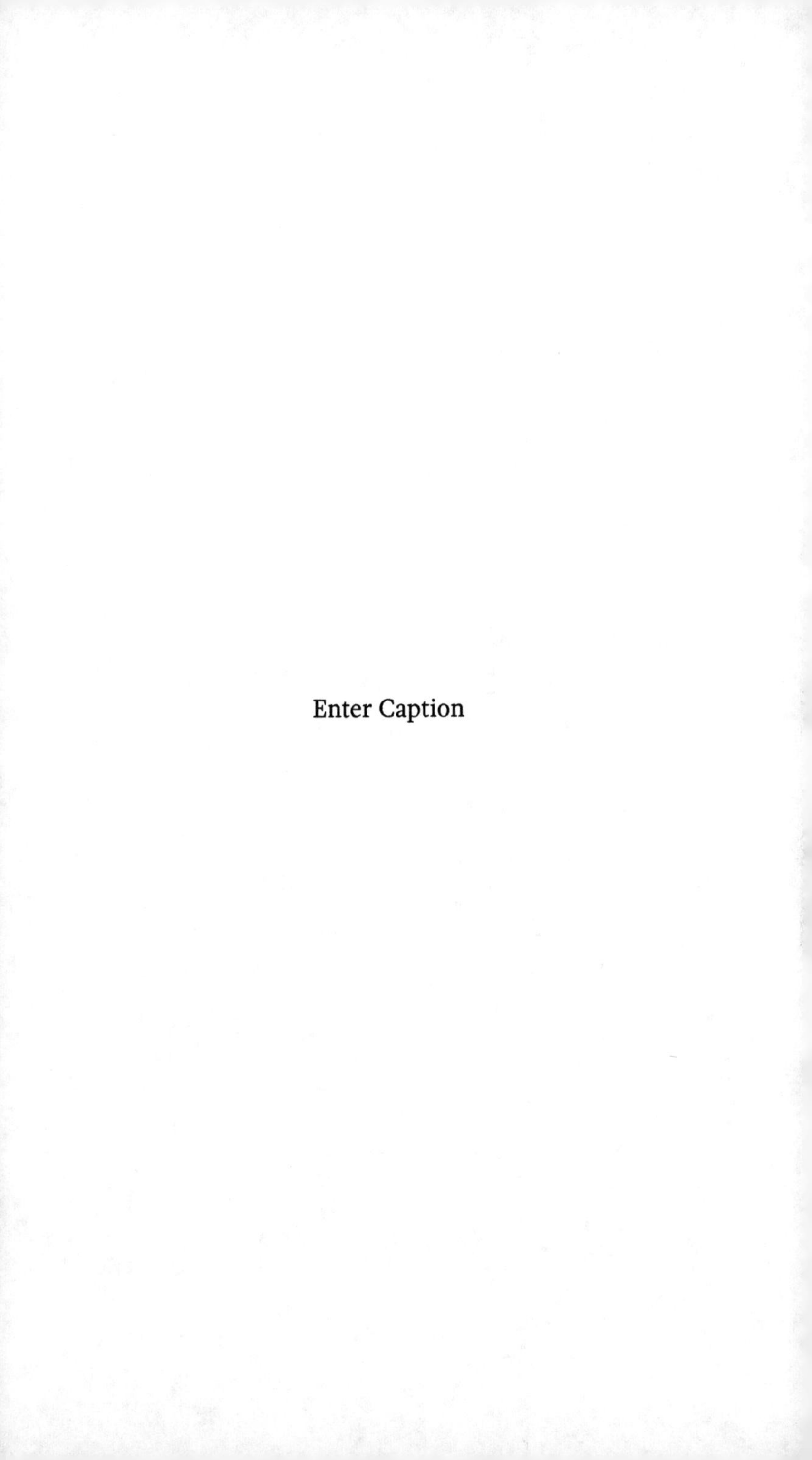

Enter Caption

ॐ आरती ॐ

आरति आदि बृह्म अविनाशी। अगम अगोचर आनद राशी।।
परम पुरुष परमेश्वर प्यारे
प्रभु प्रेमीप्रण पालन हारे,
जीवन ज्योति जगावत हारे,
श्रीपति विष्णु क्षीर निधि वासी।।१।।
आरति आदि बृह्म अविनाशी।
आरति शिवा शम्भू मुनि जन की
रवि शशि शेष सुरेश सुरन की
विधि दुर्गा गणपति संतन की
गुरु योगेस्वर आनंद राशि ।।२।।
आरति आदि बृह्म अविनाशी ।
आरति राघव जनक ललि की
भरत लखन बजरंगबली की
अवध धाम अति पुन्यथली की
श्री शत्रुघ्न अतुल बल राशि ।।३।।
आरति आदि बृह्म अविनाशी।
आरति राधा पति बनवारी
नद नंदन जीवन दुख हारी
मोहन वासुदेव गिरधारी
वृजपति, वृजभूषण, ब्रजवासी।।४।।
आरति आदि बृह्म अविनाशी।
आरति वाल्मीकि तुलसी की
गंगा, जमुना, सरस्वती की
श्री गीता रामायण जी की
प्यास सकल सुत सम्पति राशि ।।५।।
आरति आदि बृह्मअविनाशी।
अगम अगोचर आनद राशी।।